Je tiens à remercier Patrice Gascoin
de m'avoir poussé à écrire ce livre
et pour ses nombreux conseils avisés.

À ma Lucie qui ne voit pas assez souvent son papa.

Jeudi 20 mars 2003. Il fait beau, un peu frais, un temps idéal pour sortir. Je suis dans mon salon, face à deux petites valises ouvertes. J'en ai sorti des enregistreurs, des batteries et des câbles et surtout deux paluches, de minuscules caméras.

Ce matin, je veux tester une idée tordue : me transformer en homme-orchestre vidéo. Une des deux caméras sera fixée sur la bretelle de mon sac à dos, braquée sur les gens qui me feront face. Simultanément, je me filmerai. Pour ça, je vais porter un harnais autour de la taille d'où part une tige. À son extrémité se trouvera la deuxième paluche. Elle sera dirigée vers moi, à cinquante centimètres de mon visage. C'est une idée débile, sans doute, mais j'aimerais filmer mes rencontres dans la rue.

Malheureusement, rien ne va. Le harnais est trop large, la caméra ne tient pas au bout de la tige. Quant à celle qui doit filmer mes interlocuteurs, j'essaie de la caler sur la bretelle du sac à dos, en glissant des bouts d'allumettes dessous. J'ai mis du ruban adhésif, ça ne ressemble plus à rien, et elle n'est même pas droite.

Je me regarde dans la glace, j'ai vraiment l'air d'un con. Et dehors, il faudra affronter le regard des gens. On va me regarder en douce, certains vont ricaner, rire peut-être. Et surtout, je ne crois plus à mon idée. On ne peut pas faire des images utilisables dans ces conditions. Je m'en doutais, pourtant j'aurais voulu essayer. Mais là, rien ne marche, et ça m'énerve. Tant pis, j'abandonne.

Une petite phrase me revient alors en tête : « T'es qu'un con, t'as même pas essayé ». Cette petite phrase m'a relancé plusieurs fois quand je doutais de mes projets. La première fois, c'était en 1987. J'avais eu une autre idée bizarre. Je voulais faire une sorte de parodie de film d'expédition : le tour de Paris, en empruntant les tunnels du métro parisien. De station en station, avec godillots, lampes frontales et sacs à dos, ça pouvait donner un film amusant.

Au moment d'y aller, je n'y croyais plus : je n'avais pas d'autorisation, on risquait d'être arrêtés par la police ou de se faire électrocuter sur les rails. J'allais renoncer, quand je m'étais dit : « T'es qu'un con, t'as même pas essayé ». Finalement, avec quelques copains, nous étions descendus dans les entrailles de Paris. L'expédition avait eu lieu et, contre toute attente, j'avais réussi à vendre le film à TF1.

On a tous des idées qui nous emballent. On en rigole entre amis pendant une soirée. Puis quand on y repense les jours suivants, l'idée apparaît tour à tour stupide, irréalisable, prétentieuse, mais aussi originale et surprenante. Le temps passe, on ne fait rien et finalement on l'oublie. Quelques années plus tard, l'idée refait surface et on se dit qu'on aurait dû essayer, que ça aurait peut-être marché. Et on a des regrets. Et, ce sentiment, je ne veux pas l'avoir. Ce jour-là aussi, ce serait tellement plus facile de ne rien faire. Pas de fatigue, pas de risques, pas d'erreur. Mais la petite phrase a provoqué le déclic. Au milieu du salon avec mon harnais de traviole, je pense toujours que mon idée est ridicule. Mais je ne veux pas avoir de regrets. Alors je sors. Juste pour m'assurer que filmer comme un homme-orchestre est stupide. Et je vais découvrir que cette idée n'est pas si mauvaise que ça.

Première partie

L'ENFANCE

Premier voyage

J'avais cinq ans quand j'ai fait mon premier voyage. Nous habitions rue du Tage à Paris dans le 13e. Sur le même palier, vivait un gamin de mon âge, Jean-Daniel. On allait souvent l'un chez l'autre. Mais un jour, je suis passé chez lui pour l'embarquer dans ce qu'il faut bien appeler une fugue. J'ai dit à sa mère que nous allions chez moi. Nous n'y sommes jamais allés. Nous avons pris l'ascenseur, direction la rue. Il faisait nuit. Histoire de faire un petit tour, nous sommes descendus jusqu'au boulevard extérieur, vers la porte de Gentilly. Et là, de l'autre côté de ce boulevard, il y avait un petit parc, le jardin des Curés. Ce souvenir est flou dans ma mémoire, mais c'est le plus ancien que j'ai sur cette envie d'aller voir ailleurs et surtout sur la prudence qui ne m'a jamais quitté. Ça en surprendra peut-être certains, mais je ne prends pas de risques inutiles. À cette époque, il n'y avait pas le petit bonhomme pour indiquer quand traverser. En arrivant sur le boulevard, le feu était rouge pour les voitures, on aurait pu être tentés de s'engager. Mais j'avais peur qu'il passe au vert quand on serait au milieu. Je me rappelle m'être dit : « On ne prend pas de risques. On attend que le feu passe au vert et qu'il redevienne rouge. Là, on sera sûr d'avoir le temps de traverser ». Je me demande bien ce que les automobilistes ont pensé en voyant dans la lumière des phares, deux « morpions » de cinq ans traverser gaiement le boulevard des Maréchaux.

Nous sommes allés nous balader dans le parc, mais nous n'y sommes pas restés longtemps. Il n'était pas éclairé et nous avions un peu peur. Nous avons rebroussé chemin, fait quelques détours dans des rues environnantes puis nous avons pris le chemin du retour après une « virée » que ma mère estime à deux heures. Pour moi, cela avait juste eu le goût d'un aller-retour. On a quand même eu droit à un sérieux comité d'accueil. Les parents avaient appelé la police. Je ne me souviens pas de m'être fait engueuler. Ma mère était tellement contente qu'on soit rentrés. Elle m'a principalement reproché d'être parti sans prévenir. Comme si elle m'aurait laissé faire !

La famille

Je suis l'aîné de quatre enfants. Derrière moi, j'ai deux frères et une sœur. Mes parents sont tous les deux artistes peintre. Chez nous, ça a toujours été la bohème. Mon père est issu d'une vieille famille noble du Dauphiné. Il est même comte, bien qu'il n'en parle jamais. Mais leur vision de l'éducation était celle des « anars » de 68 : s'affranchir des principes. Ce n'est pas parce que tout le monde fait comme ça qu'on ne peut pas faire autrement. Et même justement, il faut essayer de voir si on ne pourrait pas faire autrement. Ils ne nous mettaient pas de pression sur la réussite sociale, l'essentiel pour eux n'étant pas d'avoir une bonne situation, mais simplement d'être heureux. Ils nous disaient souvent : « Vous ferez ce que vous voudrez mais respectez les autres ». Leur seul « formatage » aura été de nous inciter à essayer de faire des choses amusantes et différentes. Cette règle a toujours été très présente dans la famille. C'est ce qui doit nous donner, de l'extérieur, un petit côté à part. Disons que chez nous, ce fut toujours un peu le « Bronx » !

Mon père fumait trois paquets de cigarettes par jour et la pièce où il travaillait était plus enfumée qu'un bar. Nous étions habitués. À l'époque, il ne vendait aucun tableau parce qu'il travaillait douze heures par jour à une œuvre extraordinaire qu'il a appelée bien justement *La Suite*. C'est un dessin abstrait en noir et blanc, réalisé au rapidographe, un stylo d'architecte. Sa technique : des petits traits entre-croisés d'un centimètre de long. Plus il y en a, plus c'est sombre. Et quand il n'y en a pas, évidemment c'est blanc. Je n'ai aucune idée du nombre de coups de stylo que ça représente. Je ne sais pas si ça se compte en dizaine de millions ou en milliards. C'est tout simplement colossal ! Il a dessiné presque sans s'arrêter pendant huit ans, sans se poser la question ce que pourrait devenir son œuvre. Je pense que c'est en partie de là que je tiens cette volonté d'aller jusqu'au bout de mes projets. Le plus étonnant est que cette fresque, composée d'une succession de dessins, mesure soixante centimètres de haut pour quatre-vingts mètres de long ! Elle est tellement démesurée que même lui ne l'a vue qu'une seule fois dans son ensemble. C'était à Melun en 1997, trente ans après l'avoir commencée. Aujourd'hui, *La Suite* dort dans des cartons en attendant de trouver sa place dans un musée ou chez un grand collectionneur. Mon père aimerait l'agrandir et l'enrouler sur deux énormes bobines, cachées de part et d'autre d'un mur. Le dessin défilerait lentement, se renouvelant en vingt-quatre heures, offrant un mur différent chaque jour. Je trouve l'idée excellente, mais il faudrait trouver quelqu'un qui ait à la fois des sous et l'ouverture d'esprit...

Ma mère aussi avait fait les Beaux-arts. Elle se consacrait à ses pinceaux pendant que nous étions à l'école. Comme elle ne pouvait pas se payer des toiles, elle peignait sur des cageots qu'elle récupérait sur les marchés. Elle dessinait des gens sur les lattes de bois et glissait des tissus noirs derrière. Cela donnait des gens en prison qui se trouvaient derrière des barreaux qui n'existaient pas puisqu'ils étaient constitués des espaces entre les lattes. Encore une belle idée. Heureusement, elle en vendait de temps à autre.

En 1969, mon père avait trente-huit ans. On venait d'emménager à Paris, rue Dieu, près du canal Saint-Martin. Je n'oublierai jamais la découverte de cet appartement de deux cent cinquante mètres carrés. À l'époque, ce n'était pas un exploit d'avoir une grande surface. Le logement était inoccupé depuis des années et vraiment délabré. C'est pour ça qu'il l'avait eu pour pas cher. Mais le courant venait de passer en deux cent vingt volts et toutes les ampoules étaient encore en cent dix. Nous, les enfants, nous l'avons découvert de nuit. On a vu chaque pièce trente à quarante secondes. Le temps que les ampoules grillent. On allumait l'interrupteur, on regardait la pièce éclairée d'une lumière éblouissante par une ampoule en surrégime qui crachait ses derniers feux. Un flash bleuté puis le noir absolu. Quand la lumière s'allumait, on faisait tous « Aaaaah » ! Et quand elle s'éteignait, on faisait « Oooooh » ! Et l'on passait à la pièce suivante. Après avoir fait le tour, on s'est couchés à la bougie. Les bougies, on allait en voir souvent. Principalement l'été, quand mes parents ne pouvaient pas payer l'électricité. L'hiver, ils se débrouillaient toujours pour trouver des sous, mais l'été, ils s'en fichaient. Les journées étaient longues. C'était leur côté cigales. Nous, les gosses, on râlait un peu parce qu'on n'avait pas envie de se laver à l'eau froide, mais j'en garde de merveilleux souvenirs.

L'appartement était mal chauffé et il n'y avait pas de meubles. Presque tout avait été saisi par les huissiers. Mon père avait monté un studio de création publicitaire quelque temps auparavant et s'était dépêché de faire faillite. C'était un artiste, pas un chef d'entreprise. Quand ma sœur avait su que notre belle salle à manger allait partir, elle avait pleuré. Alors elle avait dessiné les meubles. Pouvoir les garder sous cette forme l'avait consolée. Au final, il ne nous restait plus qu'une table, six chaises, les plus pourries évidemment et autant de lits. Ils ne peuvent pas tout prendre, c'est la loi. Notre problème à nous, les enfants, était de sauver notre capital. Le plafond de l'appartement était à plus de trois mètres cinquante. En prenant appui avec les mains et les pieds sur les murs du couloir, on montait jusqu'en haut. Il était mal éclairé et les adultes passaient parfois sans voir les trois gosses embusqués comme des chauves-souris. Il y avait un peu d'espace entre le plafond et les placards. Comme on ne savait pas quel jour l'huissier allait venir faire l'inventaire, on y cachait nos jouets préférés.

Mes parents ont toujours respecté les gens. Quels qu'ils soient. Alors quand l'huissier est arrivé, ils l'ont bien accueilli. Ils savaient qu'il n'avait pas un métier facile et n'auraient jamais voulu être à sa place. Ils sont comme ça mes parents, gentils. Ils se révoltent face à l'injustice, mais je les ai vus préférer se faire avoir plutôt que de mettre quelqu'un mal à l'aise. Alors quand l'huissier a sonné, comme il était sympa, ils lui ont offert un verre.

Il est revenu plusieurs fois pour d'autres dettes. Comme il savait qu'il n'y avait plus rien à prendre, il faisait son petit tour réglementaire. Mon père lui payait un coup, et il s'en allait. Normalement, un avis de saisie doit être collé dans l'entrée de l'immeuble. Le genre de chose qu'on n'a pas particulièrement envie de dire à tous les voisins. L'huissier a dit à mon père : « Venez avec moi, je vais le coller et vous pourrez l'arracher tout de suite ». Ils sont descendus et comme le papier ne tenait pas bien, l'huissier l'a froissé en le donnant à mon père et disant : « Bon, allez, c'est collé ! » Mon père est remonté en rigolant. Et voilà. Mes parents essayaient toujours de prendre les choses du bon côté. Ce n'était sûrement pas toujours facile. J'ai vu revenir ma mère au bord des larmes parce que l'épicier n'avait pas voulu lui faire crédit pour une plaquette de beurre. Mais ils ont réussi à nous protéger de ces mauvais moments.

Un grand appartement vide, c'est formidable pour jouer. Il y avait un couloir de dix mètres de long et les pièces communiquaient entre elles par un grand nombre de portes, permettant de folles poursuites. Nous y faisions du vélo et du patin à roulettes. Au rez-de-chaussée, il y avait une fabrique de stylos et de briquets Dupont. Ils montaient régulièrement pour nous demander d'arrêter. J'imagine qu'au bout de deux heures de patins à roulettes sur le parquet, ça devait être assez pénible.

Mes parents n'avaient pas honte de ne pas avoir d'argent. Ils étaient riches dans leur tête et recevaient des amis de tous horizons. D'ailleurs, on mangeait rarement à six. La plupart du temps, on était dix ou douze à table. Les convives venaient souvent avec de la nourriture. Tant mieux, sinon ça aurait été régime patates pour tout le monde. Mes parents appréciaient ces gens qui, comme eux, profitaient de la vie à fond. Pour eux, la priorité n'était pas d'asseoir une position sociale mais d'échanger. Les profils variaient : des peintres, des poètes, une cascadeuse, des musiciens, des chercheurs, des physiciens, des excentriques, certains voulant révolutionner le monde mais n'ayant rien fait de leur vie. Le comédien Rufus, qui commençait à être connu, venait de temps en temps. Je me souviens aussi de l'écrivain Philippe Soupault. Mon père avait dû lui dire que je ne foutais rien à l'école, parce qu'il m'avait dit : « Tu n'en as pas marre de voir tous ces petits cons devant toi ? » J'avais pensé : « Si je suis devant, ça sera moi le petit con ». Une raison de plus pour ne pas m'inquiéter de mes résultats scolaires. J'aimais bien de cette ambiance autour de la cheminée où brûlaient des planches récupérées çà et là. On était dans la pénombre, déchirée par quelques bougies et la lueur du feu. La peinture sur le bois en brûlant faisait parfois des flammes de couleur bleue, ou verte quand c'était de la peinture au plomb.

Pour les vacances, c'était simple. Chaque année au début de l'été, ma grand-mère envoyait les billets de train. On descendait dans la maison familiale à La Bégude-de-Mazenc dans la Drôme et on y passait tout l'été. Nos cousins arrivaient pour quelques jours et s'en allaient pour d'autres destinations, mais nous, on restait là. Moi, j'avais la chance de partir de temps en temps avec mon cousin Jean-Marie. Ça mettait un peu d'air dans mes vacances, parce qu'on voyageait rarement tous les six. Essentiellement pour des problèmes de sous. Quand on n'a pas d'argent, les choses sont souvent compliquées.

Je me souviens qu'une fois, un ami nous a prêté un appartement dans une résidence de vacances. Ce n'était qu'à une quarantaine de kilomètres de Paris. Mais comme on n'avait pas de voiture, le voyage s'est avéré plutôt laborieux. On a d'abord pris le métro, puis le train avec une grosse malle dans laquelle s'entassaient les affaires de la famille pour le mois. Arrivée à destination, on a enchaîné avec le car. Puis, il restait quatre kilomètres à faire. Mon père a voulu prendre un taxi. Mais ce dernier voulait faire deux voyages. Six personnes, même avec quatre « crevettes », c'était trop pour lui. Mon père l'a envoyé balader. Et nous voilà partis à pied pour ces quatre derniers kilomètres de route. Mes parents portant la malle devant quatre gosses qui se chamaillaient parce qu'ils n'avaient pas envie de marcher. Bonjour la galère. Finalement, un type qui nous a vus passer, a sorti sa voiture pour nous emmener à bon port. Voilà, c'était ça la vie chez les parents. On ne savait jamais trop comment on allait faire, mais on rencontrait du monde !

À cette époque, on baignait dans un univers de création. Il paraissait alors logique, presque nécessaire, de faire la même chose. Pour moi, ça a vraiment commencé un matin grâce au gardien de l'immeuble. C'était un ancien légionnaire qui faisait le ménage dans les entreprises du rez-de-chaussée. Il barbotait de temps à autre chez Dupont un briquet en or qu'il revendait. L'autre entreprise était un grossiste en papeterie où il se servait régulièrement aussi.

Un jour, il est monté aussi bourré qu'outré. On l'avait accusé d'avoir volé une pochette de stylos. Mon père ne savait trop que dire, puisque l'autre lui avait souvent raconté ses exploits. Et il avait eu la surprise de l'entendre ajouter : « D'abord ça ne peut pas être moi, parce que moi, je les prends par caisses ! » Je ne me souviens plus s'il a été viré ou pas.

Toujours est-il qu'une fois, il m'a donné une pochette de feutres qu'il n'avait pas dû acheter en boutique. Et j'ai commencé à faire un dessin : un petit garçon à genoux. Je trouvais qu'il n'était pas mal, mais j'ai raté le dessin d'à côté. Du coup, je l'ai découpé en une vignette carrée. Je l'ai collé sur la feuille d'un cahier. J'ai rajouté une bulle de BD et puis j'ai fait un autre dessin qui racontait la suite, que j'ai collé à côté du premier, et ainsi de suite. C'étaient les premières images d'une bande dessinée qui devait faire au total une centaine de pages. Cette BD a ponctué mon enfance puis mon adolescence, même si certaines années je n'y touchais pas. Quand j'ai été viré du lycée à dix-sept ans, j'ai brutalement cessé de m'y intéresser en plein milieu de l'histoire. Coïncidence ou pas, le dernier dessin se trouve au bas de la page 100. Comme si j'avais atteint un but. J'y reviendrai peut-être un jour, je ne sais pas.

On avait récupéré une vieille machine à écrire. J'ai écrit quelques petits textes dessus. Pas terribles. Je tapais avec deux doigts et je mettais du temps à trouver les lettres. Mon frère cadet, Matthieu en faisait autant. Le suivant, Paul, se lança, lui, dans l'écriture d'un roman. Il ne l'a pas fini, mais il nous avait sorti une dizaine de pages en quelques jours. Quant à ma sœur Odile, l'engin ne l'a pas intéressé ; son truc, c'est la sculpture. On nous a également prêté un magnétophone à bandes. Mes parents ont commencé à y enregistrer une histoire de doryphores vivant dans un champ. C'était de l'improvisation totale et délirante. Une sorte de pièce radiophonique familiale. Mes parents s'enregistraient en parlant lentement et nous écoutions le résultat en accéléré. C'était très drôle. Bref, j'ai plus le souvenir d'une atmosphère créative que d'avoir été puni pour ne pas avoir fait mes devoirs.

Cette période magique de la rue Dieu s'est terminée en 1973. Depuis plusieurs années, mon père ne payait pas le loyer. En fait, personne ne le lui demandait. Le type qui était chargé de les recouvrer était passé un jour, mon père lui avait offert un verre et il avait passé un moment à la maison. Quelquefois, il appelait pour dire qu'il serait bien de faire un effort pour payer. Puis mes parents n'ont plus eu de nouvelles. Ni visites, ni quittances de loyer, ni rappels pour loyer impayé.

L'immeuble appartenait à une compagnie d'assurances. Puis un type est venu nous annoncer, que le précédent gérant était mort d'un cancer et qu'il avait repris ses dossiers. Il venait de découvrir qu'on n'avait pas payé depuis près de quatre ans. Il a dit : « Vous payez ou vous partez ». Une amie de mes parents, avocate, nous a dit que si on montait un dossier on pouvait encore rester au moins un an. Mais mes parents n'ont pas voulu. Ne pas payer quand on ne leur demandait pas, d'accord, mais abuser d'une position de force illégitime, ça non. Question d'honneur. Mon père, pragmatique, a répondu : « On part ! » Et on a déménagé. Opération assez simple puisqu'on ne possédait pratiquement rien.

Nous avons alors habité dans un petit trois pièces à Valence, dans le Midi, pendant un an avant de revenir en Île-de-France où des copains nous avaient trouvé un logement pas cher. C'était une maison bourgeoise parfaitement entretenue mais sans âme. Il y avait le carré d'herbe et les graviers. Nickel. La dame qui nous a donné les clés nous a dit en découvrant notre estafette : « Je vois que le nécessaire est arrivé ».

Ce n'était pas le nécessaire. Tout le déménagement était là. Quelques meubles, les fringues, les couvertures et les matelas en mousse. On n'avait même pas de lit. Je n'ai aucun souvenir que ça m'ait manqué. D'ailleurs, écrire ces lignes me rappelle que j'ai acheté mon premier lit il y a seulement deux ans. J'ai dormi près de quarante ans sur le sol ou sur des planches, mezzanine ou autre. Je crois que je suis comme mes parents. Si j'ai de quoi vivre, ça va. À une différence près : j'ai besoin de pouvoir me déplacer. Le reste est moins important.

Il n'était pas utile d'inquiéter la dame, ma mère a juste dit : « Effectivement, le camion va arriver bientôt ».

On l'attend toujours.

J'ai eu une enfance heureuse parce que j'ai toujours vu le bon côté des choses. Enfin, « toujours », pas exactement. Le déclic eut lieu vers l'âge de onze ans. Je traversais une période de blues. J'étais avec un copain qui avait une fâcheuse tendance à me bousculer. Un jour, il me dit : « Moi, quand je suis content, je voudrais que tout le monde soit content ». Ce jour-là, je me suis posé la question de savoir pourquoi on est content ou pas. À y réfléchir de plus près, je ne voyais pas vraiment de raisons de ne pas l'être. J'étais juste dans un mode « pas content ». Il m'apparut alors qu'il était tout aussi facile de me mettre sur le mode « content ». J'ai donc commencé à vouloir être content. Et là, il y a un truc étonnant qui se passe. Comme une spirale positive. Tu ne t'en rends pas compte tout de suite mais quand tu veux être content, tu le deviens ; et quand tu es content, tu rends les gens contents ; et quand tu rends les gens contents ils te renvoient quelque chose de content... En fait, tout le monde est content. C'est comme une pompe qui s'amorce, qui génère des sourires. Je sais que ça a l'air ridicule, mais ça marche. Et ceux que ça agace, qu'ils ronchonnent, je m'en fiche.

Attention, être content ne veut pas dire devenir un couillon qui sourit tout le temps. Cela ne m'empêche pas de râler ou d'être triste à un moment donné. Et comme tout le monde, j'ai traversé des périodes difficiles. Simplement, je pense que je ne les ai pas trop mal gérées parce que j'avais compris ça.

Où est New York ?
(*Les coulisses de* J'irai dormir à Hollywood)

— TC : 02' 15"

Lorsque je marche sur la route, je ne sais vraiment pas où est New York. La veille, j'ai terminé le tournage des chutes libres. Il m'a fallu six sauts pour obtenir les images que j'attendais. J'en ai désormais trente-cinq à mon actif. En fin de journée on m'a déposé à un hôtel et je ne sais absolument pas où je suis. J'ai décidé que le temps n'avait plus d'importance. S'il me faut deux jours pour arriver à New York, ce n'est pas grave. En fait il m'en faudra trois. Quand je fais du stop, l'homme que l'on voit s'arrêter m'emmène à la gare. Au moment où le train va partir, des mecs venus accompagner un ami m'annoncent qu'ils font partie d'un festival de hoboes *dans une petite ville. Les* hoboes *sont les vagabonds du rail qui, lors de la crise économique de 1929, parcouraient le pays à la recherche d'emplois saisonniers. Ils se déplaçaient en train, voyageant clandestinement dans les wagons de marchandises. Parmi eux, certains étaient venus de cette manière. Ce festival commémore une tradition qui a pratiquement disparu. Après quelques hésitations, je descends du train et les suis. Je vais rencontrer une bande d'Américains complètement barrés et drôlement sympas. Ils m'inviteront à partager leurs repas et me prêteront une tente. Ils chantent, dansent autour d'un feu de camp et rendent hommage à ceux qui sont morts. Hélas, la séquence sera coupée au montage. On la retrouvera dans les bonus du DVD.*

La fin du cocon scolaire

En 1976, il y a eu un grand changement dans ma vie. Après avoir redoublé ma troisième, j'avais réussi à passer en seconde C, en mathématiques. J'allais en classe, mais je ne fichais rien. Avec des copains, un écouteur dans l'oreille, on se passait même de la musique pendant les cours. À la fin de l'année, on m'a dit que ce n'était pas la peine que je revienne. Je suis resté tout con. Je ne pensais pas que ça se passait aussi simplement. J'avais fini mes études.

Mon père n'a pas particulièrement apprécié la plaisanterie. Je me souviens de la formule très diplomatique que j'avais trouvée pour lui annoncer ça.

« Papa, on vient d'avoir les résultats, il y a un petit problème... »

Une pause. Il lève la tête de son dessin.

« ... en fait, il faudrait que je fasse appel... »

Une pause. Il me regarde, intrigué.

« ... pour pouvoir redoubler... »

Encore une pause. Il sent venir l'embrouille.

« ... en seconde A7 ». (C'est la section dessin. Effectivement le seul truc que j'ai fait cette année-là, c'est ma bande dessinée).

Là, il n'est vraiment pas content. Il a compris que je viens de me faire virer. Conscient de s'être fait avoir, il grince :

« Ah oui, il n'y a pas de devoirs en seconde ? »

Et il ajoute :

« Tu passeras ton bac quand même. Je vais t'inscrire à des cours par correspondance et tu le passeras en candidat libre ».

Sur le moment, je lui dis d'accord. En fait, je travaillerai quelques semaines, je renverrai un devoir et... je ne me souviens plus pourquoi ni comment, mais ça s'arrêtera là.

Pendant l'hiver qui suit, le moral est loin d'être au beau fixe. J'ai dix-sept ans et je ne sais pas ce que je vais faire de ma vie. Heureusement il y a Niouk, le chien. Je fais de grandes balades avec lui la nuit dans le village en me demandant comment je vais m'en sortir...

Je fais de petits boulots pour avoir un peu d'argent de poche. Surtout je cherche ma voie. Je réponds à des petites annonces, mais je ne décroche rien. Pourtant je croyais être capable de préparer les hors-d'œuvre chez Flunch ou de trier les composants électroniques chez IBM. Apparemment, ils ne sont pas du même avis.

Mon premier boulot sérieux n'est pas glorieux. J'entretiens la galerie marchande de la station de ski Isola 2000. C'est un cousin qui m'a embauché. J'entends encore une de mes tantes me dire : « Si tu ne travailles pas à l'école, tu finiras balayeur ». Ce jour-là elle a raison. Heureusement, je travaille avec un copain et on s'amuse. Les gens s'arrêtent même pour nous regarder travailler. On a mis au point une technique pour aller beaucoup plus vite : il court avec la pissette de cire et moi, je le suis avec la cireuse monobrosse. Il faut dire que je suis devenu champion de l'engin. Je fais même les escaliers. C'est beaucoup plus rapide qu'au chiffon. Nos prédécesseurs faisaient ça en huit heures, nous, on va deux fois plus vite. À deux heures, on est au lit et le matin, on est sur les pistes. Comme le travail est bien fait, on ne nous ennuie pas sur les horaires.

Puis, c'est le coup de chance. Grâce à des amis de mes parents, je décroche un stage dans un laboratoire de cinéma. C'est mon premier contact sérieux avec le milieu professionnel. J'apprends énormément et je suis en permanence en demande d'informations. Il y a quelques cours qui touchent à la physique ou à l'optique. J'assimile facilement des choses que j'avais été incapable de comprendre à l'école. Pourquoi ? Parce que là, je vois à quoi ça va servir. Cela change tout. Je lis les modes d'emploi des machines et je découvre qu'il me suffit de les parcourir une fois pour les savoir par cœur.

Mon premier métier sera ingénieur du son. Je n'ai pas spécialement envie de faire ça, mais c'est le hasard et mon ignorance qui vont décider pour moi. Je veux faire des films mais je ne sais pas comment m'y prendre. Je n'ai aucune notion de ce qu'est le marché de l'audiovisuel. Heureusement, je ne me pose pas de questions.

À l'époque, la vidéo n'en est qu'à ses premiers balbutiements et on tourne sur pellicule. Il me semble que pour faire des films et les montrer, il suffit d'une caméra, d'un magnétophone et d'un projecteur. Je me dis qu'il est plus simple de commencer par acheter un magnétophone puisque c'est le même appareil qui fait l'enregistrement et la lecture. Je verrai plus tard pour le reste. Je ne risque pas d'acheter quoi que ce soit, je n'ai pas un centime et mon père me dit régulièrement qu'il me mettra dehors à la fin du mois si je n'ai pas trouvé de travail. Malgré tout, je commence à lire des brochures publicitaires de magnétophones. Puis, je tombe sur un livre formidable : La prise de son en dix leçons, de Dominique Blanc-Franquart. Écrit pour les jeunes, ce bouquin explique les techniques de base. Je n'ai aucune pratique, mais je commence à devenir franchement calé sur la théorie.

Un jour, un ami de mes parents tourne un court-métrage amateur. J'ai pu me glisser dans l'équipe pour faire le « grouillot » et surtout pour apprendre. À un moment, il y a un problème avec le magnétophone et personne ne sait ce qui se passe. Moi j'ai compris. Je leur explique une particularité de l'enregistreur. Et là, ils me disent : « Bon, eh bien toi, tu vas faire le son ! » Tout ça pour la grande joie de l'autre ingénieur du son qui ne faisait ça que pour dépanner. C'est la première fois que je fais partie d'une équipe de tournage. Et je sens tout de suite que c'est ma place.

Deuxième partie

LES DÉBUTS

Le service militaire, début de vie professionnelle

J'ai vingt ans, il faut que je parte pour mon service militaire. J'hésite sur l'attitude à adopter. Soit je mets toutes les chances de mon côté pour aller au service cinéma des armées, soit j'essaie de me faire réformer. Quelle que soit l'option choisie, si je rate mon coup, je ferai un service militaire basique, sans intérêt. Mais si je réussis, dans un cas, je serai reformé, dans l'autre, j'irai au service cinéma. Pour moi, il n'y a pas photo. Je choisis la deuxième option.

Ainsi, à l'inverse de tous mes copains, j'arrive aux trois jours avec la ferme intention de faire mon armée ! Je m'applique pendant les tests et j'obtiens une très bonne note. Lorsque je rencontre l'officier orienteur, il m'explique que malgré mes tests, je ne peux pas être officier parce que je n'ai pas mon bac. Je m'en fiche, je veux aller au service cinéma des armées. Ma motivation le surprend, il me met une bonne appréciation. Mais c'est insuffisant pour rejoindre le fort d'Ivry, où se trouve le service cinéma de l'armée.

J'ai pourtant quelques appuis, mais tous me disent que sans formation, je n'ai aucune chance. Sauf si je m'engage. M'engager ?! Moi, fils de soixante-huitards ! Pourtant ce serait une bonne solution. Même mon père me conseille d'y aller. Finalement, je signe pour deux ans. Je me tape deux mois de formation militaire pendant lesquels je regrette mon choix, avant de rejoindre le fort d'Ivry, près de Paris.

Quand j'arrive, je suis logiquement affecté à l'auditorium. On me fait enregistrer un moteur de char. Une opération simple. Comme la prise de son est bonne, je suis jugé apte. À partir de là, tout démarre sur les chapeaux de roues. On m'envoie directement à Beyrouth. Quand mes parents me demandent où je vais, je reste évasif. En 1980, c'est la guerre. Pour autant, ce tournage ne sera pas dangereux car les militaires ne veulent pas de morts chez eux. En attendant, j'ai trouvé ma voie chez la grande muette, et je commence à travailler !

L'avion vient d'atterrir à Beyrouth. Il fait nuit et nous descendons sur la piste. Je sens tout de suite qu'on est dans un pays ravagé par la guerre civile. L'aéroport est très mal éclairé, presque dans la pénombre. Et dès qu'on sort dans la rue, je m'aperçois qu'il n'y a pas d'éclairage public. Un militaire dans une Jeep blanche est venu nous chercher. La vue des rues défoncées confirme mon impression.

Nous traversons une partie de la ville totalement en ruine. Le plus impressionnant, ce sont des immeubles qu'on entrevoit dans la lumière des phares. Certains sont éventrés. D'autres sont tellement criblés d'éclats d'obus que leur façade semble en pain d'épice mal découpé. Les combats ont dû être terribles. L'impression est d'autant plus forte que le calme qui nous entoure contraste avec le bruit et la fureur auxquels ce décor me renvoie.

Le lendemain nous partons au camp de Naqura, dans le sud du pays, à quelques kilomètres de la frontière israélienne. C'est là qu'on nous donne des vêtements militaires et le fameux béret bleu clair. Je fais officiellement partie de la Finul, la force d'interposition des Nations unies au Liban !

Pendant deux semaines, nous allons parcourir le pays pour filmer la vie des militaires français. Je découvre une atmosphère très particulière. Je me sens toujours dans le cadre de l'armée, mais les gradés ne sont pas en mal d'action comme en France. Ce qui compte, c'est ce que l'on a à faire. Ils ne t'embêtent pas parce que tes chaussures sont mal cirées. Ainsi lorsque le major est fatigué, il me laisse prendre le volant, alors que je n'ai pas mon permis de conduire militaire.

C'est une période calme, mais je sens un parfum d'aventure. Je ne verrai pas grand-chose de la guerre, à part deux obus tomber au loin. Ce tournage à Beyrouth a été un petit baptême du feu, mais ce n'est rien à côté de ce que je vivrai au même endroit, quatre ans plus tard, quand j'y retournerai pour la chaîne de télévision américaine CBS News. Là, la question ne sera pas d'éviter de prendre des risques mais bien d'aller où ça barde pour ramener des images.

De retour au fort d'Ivry, je continue à vouloir apprendre. Avec l'armée, nous prenons souvent l'hélicoptère que ce soit pour des prises de vues aériennes ou pour se déplacer. Je rêve de tenir le manche. Un jour, je vois un bouquin intitulé *Piloter en dix leçons*. Je l'achète immédiatement. Ça a marché pour la prise de son, il n'y a pas de raison que cela ne marche pas cette fois aussi.

Je le lis donc en détail et m'entraîne avec un morceau de bois. Assis sur une chaise, le bouquin ouvert à côté de moi, je réfléchis. Je pense à la manière dont il faut agir sur les commandes et surtout je me prépare à gérer la trouille que j'aurais si un jour on me laisse les commandes. Je m'imagine être dans le ciel, le pilote à côté de moi et le stress d'avoir la machine en main. J'ai besoin de me sentir prêt psychologiquement avant d'oser demander.

À partir de ce moment, chaque fois qu'on monte dans un hélicoptère – et ça arrive presque chaque semaine – je me débrouille pour monter devant. Tous les hélicoptères militaires ont les doubles commandes. J'ai donc le manche juste devant moi. Et à chaque fois je tente ma chance. Je mens effrontément : « J'ai déjà piloté un avion, j'aimerais bien essayer un hélico ».

Bien sûr, il ne s'agit pas de le faire décoller. Les opérations près du sol sont extrêmement délicates. Mais une fois en l'air, piloter un hélico, c'est un peu comme tenir le volant d'une voiture qui roule à cent kilomètres à l'heure sur l'autoroute. Il suffit de viser. Il n'y a pas à accélérer ou à ralentir, pas de clignotants à mettre ; facile quoi !

Mais tous les pilotes refusent de me laisser essayer. C'est désespérant. Cependant je continue à demander obstinément. Mes copains me disent qu'on ne me laissera jamais le manche, mais je suis sûr que je finirai par tomber sur un mec plus cool que les autres. Et ça arrive au moment où je m'y attends le moins. On vient de redécoller et le pilote m'envoie paître parce que j'ai insisté. Je me fais une raison, et commence à rêvasser en regardant le paysage, quand il me sort de mes pensées : « Bon, allez, vous voulez essayer ? »

Et là, montée d'adrénaline ! Je ne suis plus du tout prêt. Je pense un instant à refuser, mais ça fait trop longtemps que j'attends. Je prends le manche. Et c'est parti pour vingt minutes de vol au-dessus de la Seine, à l'ouest de Paris. Je dois suivre un autre hélico. Je le fais à l'instinct. En me reprenant les commandes, le pilote me dit que je m'en suis plutôt bien sorti même si j'ai coupé tous les virages. Effectivement, j'ai naturellement suivi l'autre hélico. J'aurais dû rester au-dessus de la Seine pour des raisons de sécurité. En descendant, je suis fou de joie.

Puis, c'est au tour de l'avion. Un beau jour, toujours sous l'uniforme, je me retrouve dans un Nord-Atlas, un avion bizarre avec deux queues dont l'arrière s'ouvre pour larguer des parachutistes ou de grosses charges comme une Jeep. On doit rallier Marseille à Colmar. Quelques minutes après le décollage, je vais voir le pilote avec une variante. « J'ai piloté un hélicoptère – ce coup-là, c'est vrai –, j'aimerais bien essayer un avion ».

À ma grande surprise, le type me répond : « Ce n'est pas possible pour l'instant car nous avons des manips à faire avec la tour de contrôle mais, quand on sera au-dessus de la vallée du Rhône, si vous voulez ».

Et hop, me revoilà au guidon ! Je vais tenir les commandes pendant une vingtaine de minutes.

Un jour, un pilote d'hélico plus sympa me donnera même une leçon de plus d'une heure lors d'un vol entre deux camps militaires. Un excellent souvenir puisqu'il m'a montré, entre autres, comment ralentir et tourner sans déraper. On a beaucoup rigolé surtout qu'il me donnait de grands coups avec un journal roulé en matraque quand j'étais mauvais élève.

À la fin du trajet, il reprend les commandes et nous fait un véritable show. Les pilotes de gendarmerie ou de secours en montagne sont les meilleurs pour caler un hélico à trois mètres d'une paroi rocheuse. Les pilotes de l'armée de terre font plus dans l'efficace que dans la finesse. Ce sont les rois du vol tactique. En clair, ils foncent à 150 kilomètres à l'heure à un mètre du sol puis quand survient un obstacle, un hangar par exemple, ils le sautent et se remettent au ras du sol. Ou bien, ils se rapprochent de leur objectif, s'embusquant derrière des haies d'arbres, progressant par bonds, ne se dévoilant que pour faire feu. En temps de guerre, des gens meurent, mais aujourd'hui, c'est un jeu.

Et nous voilà slalomant entre les arbres et les camions, à deux mètres seulement du bitume de la nationale 4. Les virages sont parfois si serrés et l'hélico penche tellement que l'horizon apparaît verticalement devant nous. Je pense que si des militaires ou les gendarmes l'avaient vu, il aurait eu de sérieux ennuis, mais avec le cameraman, on a adoré.

Je n'ai jamais passé aucun brevet de pilote parce que je trouve ça trop contraignant, mais les engins volants m'amusent et je n'ai jamais raté une occasion de voler.

Dans la série leçons de pilotage, j'ai également tenu la barre du sous-marin nucléaire *Le Tonnant*. Enfin, remettons les choses à leur place, il s'agit simplement de regarder un écran vidéo et de maintenir des points alignés en agissant sur les commandes. Rien de très passionnant mais bon, je l'ai fait ! Et ce jour-là, Pierre Mauroy était à bord. Depuis, je me plais à dire que j'ai été le chauffeur de Pierre Mauroy dans un sous-marin nucléaire. On ne me croit pas toujours, mais c'est vrai.

Tout cela m'a permis de comprendre que lorsqu'on veut quelque chose, il ne faut pas hésiter à le demander. Qu'est-ce qu'on risque ? Un refus, mais c'est tout. J'ai découvert qu'il ne faut pas craindre les refus. Et quand, bien des années plus tard, je demanderai aux gens à aller dormir chez eux, ça ne sera pas plus compliqué.

L'armée m'a également permis de prendre conscience de mes capacités et de vaincre certaines de mes peurs. Par exemple, j'ai eu l'occasion de faire des parcours commando. Quand tu as un supérieur qui te hurle dessus et qui te botte le cul, ça peut être abominable. Mais là, c'est différent, on tourne un film sur les commandos. J'aperçois une petite plate-forme au sommet d'un pylône greffé sur un des murs de la forteresse de Mont-Louis. Une longue corde part de la plate-forme qui doit bien se trouver à une hauteur équivalente à sept étages. Le jeu consiste à monter tout en haut, passer un mousqueton autour de la corde et à se jeter dans le vide pour glisser rapidement jusqu'au sol.

Ça m'impressionne, mais j'ai bien envie d'essayer. Prétextant la nécessité d'enregistrer le son du mousqueton contre la corde, j'obtiens l'autorisation d'y monter. Accompagné d'un instructeur, je me retrouve sur le pylône.

J'ai prévu de faire un saut sans le magnétophone, pour voir, et si ça se passe bien, j'y retournerai pour l'enregistrement. Mais maintenant que je suis au pied du mur, ou plutôt tout en haut, je fais moins le mariole. Je suis debout sur une plaque grillagée à travers laquelle je vois très bien le pylône, puis le mur et tout en bas mon magnétophone minuscule. C'est très impressionnant. Pour tout dire, je n'ai plus du tout envie d'y aller. Je crois même que je vais redescendre par là où je suis monté. C'est la peur, terrible. Pourtant, je sais qu'il n'y a aucun risque. Il existe une sécurité. Même si je lâche prise, je ne peux pas tomber. Après de longues minutes d'hésitation, je ferme les yeux et je me jette dans le vide. Et je les ouvre immédiatement. Ça se passe très bien. Avant d'arriver en bas, je sais déjà que je vais y retourner avec le magnétophone.

J'emploierai la même méthode pour dompter ma peur du grand huit. La première fois, j'avais hurlé comme un veau d'un bout à l'autre sans même pouvoir ouvrir les yeux. Je n'avais rien vu. C'était nul. Et j'étais très vexé. Malgré ma peur, j'y suis retourné quelques années plus tard. Je voulais passer le cap et j'ai décidé d'arrêter seulement quand je me sentirais bien. Je m'attendais à une épreuve terrible, mais en seulement quelques tours, j'étais suffisamment à l'aise pour lire le prospectus du parc pendant le tour. Cela me permettra, lors du tournage de mon long-métrage aux États-Unis, de filmer le grand huit de Las Vegas. Pour des raisons de sécurité, il est interdit d'y monter avec quoi que ce soit dans les poches, même un téléphone portable. Alors, méthodiquement j'ai fait plusieurs tours pour bien assimiler le parcours, repérer les caméras de surveillance avant d'y aller avec ma caméra cachée en bandoulière sous ma veste. Au bout de huit tours, j'avais ce qu'il me fallait. J'avais même fait des photos pour la promotion du film. Malheureusement, j'ai coupé la séquence au montage.

Bref, j'ai appris à apprendre. Je sais que ces peurs, où tu préférerais mourir plutôt qu'« y aller », peuvent se dominer. C'est un peu comme les gros moments de cafard. On n'a plus envie de vivre, on se demande même à quoi ça sert. Il suffit de se raccrocher à l'idée que ça va passer. Et ça finit par passer.

Première expédition

L'armée aussi est passée. En 1983, après trois ans, j'en ai fait le tour. Je retourne à la vie civile et commence à travailler comme pigiste à la journée. Genre, on t'appelle la veille pour le lendemain pour aller faire un reportage sur le salon du cheval à la porte de Versailles pour FR3 Aquitaine. Quelques heures de travail, sans savoir ce que tu feras le lendemain, mais sans l'espoir que ce soit beaucoup plus marrant. Il faut absolument que je sorte de ce circuit. Je rêve de voyages, d'aventure et d'expéditions lointaines. Je tente tout ce que je peux pour trouver un moyen de partir en tournage à l'étranger. Entre autres, je dépose une annonce à la Guilde européenne du Raid, rue de Vaugirard : « Ingénieur du son libre tout de suite pour partir en expédition ».

Peu de temps après, je reçois un coup de fil.

« Voilà, on part pour une expédition de quatre mois en Amérique du Sud. On ne cherche pas un ingénieur du son, mais quelqu'un qui fasse tout le film. Est-ce que ça vous intéresse ?

— C'est payé ?

— Non.

— Alors a priori, je ne vais pas le faire.

— Appelez quand même le chef d'expédition. On ne sait jamais. Il a peut-être un peu de sous ».

Je prends contact avec lui. Il m'explique qu'il s'agit d'une expédition du Club Alpin Français. Il n'a pas d'argent pour me payer mais il prendra en charge tous les frais de mon voyage. À tout hasard, je lui demande :

« Vous allez faire quoi, là-bas ?

— On va d'abord à la frontière du Pérou et de la Bolivie pour une expédition classique en montagne. Il y a des sommets de plus de 6 000 mètres. Ensuite on part faire un raid en forêt amazonienne. On partira de Pucallpa, on remontera le fleuve Ucayali avec un Zodiac ».

J'ai pris mon atlas et je suis l'itinéraire sur la carte avec mon doigt.

« Ensuite, on prendra le rio Sheshea qui remonte vers le Brésil. L'idée est d'aller aussi loin que possible puis de dégonfler le Zodiac et de partir à travers la forêt pour rejoindre le rio Juruá qui rejoint l'Amazone. Ensuite, on regonflera le bateau et on descendra jusqu'à Belem ».

Plus je regarde la carte, plus je me dis que je ne peux pas laisser passer cette chance. L'argent n'est pas vraiment un problème. J'ai envie d'y aller. D'ailleurs, l'argent je m'en fous. Pas de doute, je veux y aller. Ça y est, ma décision est prise, je vais y aller.

En réalité, l'expédition est difficilement réalisable. Trop dure, trop compliquée. Les rivières sont peu praticables et surtout pour accomplir un tel périple, il faudrait presque un an. Mais ça, je ne le sais pas. Et lui non plus. J'ai vingt-quatre ans et je ne connais pas grand-chose des réalités du monde. Mais ce n'est pas important. Je vais partir et on verra bien.

Pour moi, le véritable défi n'est pas là. Depuis trois ans, chaque fois que je pars en reportage, je m'intègre dans une équipe de tournage. Le réalisateur prend les décisions, le cameraman filme et moi j'enregistre le son. Mais là, je serai seul pour faire le film.

J'ai déjà fait des films avec mon cousin quand on avait une douzaine d'années. Des films d'enfant en

Super-8 dans lesquels on avait mis toute notre énergie et déjà beaucoup de rigueur.

Mon expérience de réalisateur et de cameraman se limite à ça. Or, le film sera tourné en 16 millimètres. Cela signifie que je ne verrai pas une image avant d'être rentré en France. Est-ce que je peux vraiment prendre le risque de partir quatre mois à l'autre bout de la terre, tourner des milliers de mètres de film sans savoir si ce que je fais est bon ?

Je rencontre Sylvain, le chef d'expédition qui me montre sa caméra. C'est une vieille Pathé-Vébo, une caméra mécanique. Avant de filmer, il faut remonter un ressort avec une manivelle. Il est impossible de faire un plan de plus de trente secondes. Et elle n'accepte que des petites bobines de trente mètres qui durent moins de trois minutes. J'hésite en regardant cette machine d'un autre âge.

Je repars avec la caméra et je file à la Fnac. J'achète une bobine de film et une cellule. C'est la moins chère, elle n'a même pas de pile. C'est la première fois que j'en ai une et je ne sais pas m'en servir. Heureusement, dans la boîte, je trouve le petit carnet magique : le mode d'emploi. Il ne fait que quelques pages, mais l'essentiel est là, une petite phrase toute simple : mettez-vous à l'emplacement du sujet, et pointez la cellule en direction de la caméra, puis lisez la valeur indiquée par l'aiguille. Et voilà. Prendre la lumière, sauf cas particuliers, c'est aussi enfantin que ça.

Près de la minuscule chambre de bonne où j'habite depuis un an, se trouve un jardin public. Je mets bêtement en application ce qui est écrit dans le mode d'emploi. Je filme de dos, face au soleil, à l'ombre. J'essaie un peu tout et je porte mes bobines à développer. J'aurais le résultat dans deux jours. Si c'est bon je pars, sinon je laisse tomber.

Et c'est comme ça que je me retrouve dans un avion, l'estomac noué, heureusement entouré d'une bande de joyeux drilles. Je me sens tout petit. C'est mon premier vrai coup de poker.

Ce voyage aura une énorme importance pour moi. Je ne suis presque jamais sorti de France et c'est une porte qui s'ouvre en grand sur le reste du monde. J'en prends vraiment plein les yeux ! Je me rends compte que je n'ai pas vu grand-chose dans ma vie. J'ai déjà fait du ski, mais là, je découvre des glaciers de haute montagne qui culminent à 6 000 mètres d'altitude !

Dès le début de l'expédition, je réalise que ce qui me fait gravir les sommets, c'est le film. La caméra me donne une énergie folle. Je filme la cordée qui passe devant moi, puis je la dépasse et je recommence. Il n'y a que lorsque l'altimètre affiche plus de 5 500 mètres que je leur demande de m'attendre. Au contraire, lorsque je pars sans la caméra, bien que je ne sois pas chargé, je n'ai pas la même énergie. Il m'arrive de zapper le raidillon final qui mène au sommet. Être allé en haut ou pas, je m'en fiche. Mon histoire n'est pas là. Alors, je m'offre une pause, assis sur un rocher en profitant d'un rayon de soleil. Et je regarde les autres terminer l'ascension.

La deuxième partie de l'expédition se déroule en forêt amazonienne. Elle est beaucoup plus enrichissante du point de vue humain. Nous ne sommes plus dix-sept mais trois. C'est le fameux raid à travers la forêt amazonienne. Dès le début, je vois que nous sommes mal barrés.

Moteur à fond, nous essayons de remonter le fleuve Ucayali avec le Zodiac. Je regarde la berge, on fait presque du surplace. Il nous faudra une semaine pour arriver à l'embranchement du rio Sheshea. C'est la rivière que j'avais vue sur mon atlas à Paris. Je m'étais imaginé remontant de grandes courbes à vive allure, les cheveux dans le vent. Là je suis face à la réalité. Ce n'est pas une rivière entretenue. De nombreux arbres sont tombés en travers et par endroits, il n'y a que quinze centimètres d'eau. Aucune chance de passer avec le Zodiac.

Les habitants du cru se déplacent en pirogue en bois massif. Pas de moteur hors-bord, comme le nôtre, mais des moteurs godilles. En gros, l'hélice se retrouve au bout d'un bras long de trois mètres, ce qui permet de la soulever lorsqu'ils passent en force au-dessus des troncs immergés. Nous nous rendons compte de notre manque d'expérience. Nous louons une pirogue et un guide.

Trois jours sont encore nécessaires pour rejoindre un village. L'effort en vaut la peine, la rencontre est exceptionnelle. Lorsque nous arrivons, tout le monde est sur la berge. Je me revois debout, souriant à ces gens. Sur l'ensemble des habitants, seul le fils du chef porte un jean et un tee-shirt. Tous les autres arborent leurs vêtements traditionnels, du « tissé main » très rudimentaire. On dirait des sacs à patates avec des trous pour laisser passer la tête et les bras. Pour eux non plus la rencontre n'est pas banale. Ils n'ont pas dû voir souvent des touristes. C'est la première fois que je me déplace dans un endroit aussi reculé. Je dirais même que, par la suite, je n'ai jamais ressenti autant l'isolement que dans ce petit coin paumé d'Amazonie. Peut-être parce que les endroits reculés ont… reculé. Il faut aller toujours plus loin maintenant pour trouver des gens aussi isolés ou « protégés ». Peut-être aussi parce que ma vision a changé. Ce n'est plus mon premier voyage…

Nous allons passer quelques jours dans le village. Presque personne ne parle espagnol. On communique par gestes et j'adore ça. Je les fais rire et j'arrive à établir une vraie complicité avec tout le monde. Je me sens bien, comme à ma place.

Pourtant, quelques jours plus tard, tout aurait pu basculer. Un soir, après plusieurs jours passés dans la forêt, nous nous retrouvons sur une petite plage en train de préparer le repas. Nous sommes cinq : le chef d'expédition, sa copine, le guide, le piroguier et moi. Tout d'un coup, je lève la tête et me retrouve face à un Indien, arc bandé, flèche prête à partir. Il avance prudemment, le regard noir et les nerfs à fleur de peau. Je ne sais pas s'il a peur ou plutôt la volonté de nous attaquer. Je ne bouge pas, j'ai peur que la flèche parte. Je me vois mal essayer de lui expliquer quoi que ce soit.

Heureusement, le guide et le piroguier sortent à ce moment de la forêt. Ils ne sont pas armés, mais le fait qu'ils soient Péruviens, et surtout d'Amazonie, arrête l'Indien dans son élan. Il baisse la pointe de sa flèche. Je suis certain que sans nos deux compagnons, cela aurait vite tourné au vinaigre. J'ai senti que tout pouvait basculer en quelques secondes. D'autant que les attaques d'expédition, ça s'est déjà vu. Une amie m'a raconté qu'un jour, elle n'a pas suivi ses compagnons lors d'une virée dans la jungle. Ils ont été attaqués et plusieurs d'entre eux ont été tués.

Ce genre d'agressions se produit rarement pour protéger un territoire, il s'agit plutôt de banditisme. Ce qui arrive dans tous les pays. Simplement ici, il ne faut pas compter sur la police pour faire régner l'ordre. Le meilleur moyen d'éviter ce style de problème est d'être apprécié des autochtones.

Aujourd'hui, j'ai davantage d'expérience. L'issue de ce genre de face à face dépend en grande partie de la manière dont tu gères la situation. Rigoler et dédramatiser autant que possible. Quand on peut communiquer, il faut rapidement laisser entendre que des gens savent que tu es là. L'agresseur comprend que si tu ne reviens pas, il y aura des recherches et les militaires sauront où enquêter. Et comme souvent ils ne font pas dans la dentelle, c'est un risque qu'ils n'ont pas envie de courir. N'oublions pas que le tourisme, ce sont des entrées de devises et que les gouvernements protègent ce capital. Aucune recette ne marche à coup sûr, mais ça augmente les chances de s'en sortir.

Inutile de noircir le tableau. Un problème peut toujours survenir, mais ce n'est pas plus fréquent au fond de la jungle que dans nos villes.

Pendant les quatre mois que dure ce voyage, je tourne mon film. Mon expérience de cameraman est limitée mais j'ai déjà une bonne culture de l'image. J'ai appris sans m'en rendre compte en côtoyant des opérateurs de prises de vues. Je les ai vus choisir leurs cadres et j'ai visionné leurs images avec eux. J'ai vu râler des monteurs quand il manquait des plans. En fait, je sais plus de choses que je ne le pensais. Ce voyage est pour moi un stage pratique. Au fil du temps, je prends de l'assurance.

À mon retour, Antenne 2 m'offre deux semaines de montage pour un film de 26 minutes. C'est ainsi que je rencontre Annie Coppens qui montera la plupart de mes documentaires. Au bout du compte, je livrerai deux films pour *Les Carnets de l'aventure*, une formidable émission qui a permis à de nombreux voyageurs et aventuriers de débuter leur carrière de réalisateur.

Les Amish
(*Les coulisses de* J'irai dormir à Hollywood)

— TC : 13' 10"

Lorsque j'avais vu le film Witness *avec Harrison Ford, je m'étais dit que je les rencontrerai un jour. C'est l'occasion. Je trouve fascinant que des gens vivent comme au* XVIII*e siècle, surtout aux États-Unis. Je sais que la majeure partie d'entre eux résident autour de Lancaster en Pennsylvanie, mais quelques familles se trouvent au nord de Pittsburg. Il me semble plus intéressant d'éviter la région de Lancaster, relativement touristique. Je prends le train à partir de New York, mais à Pittsburg, je découvre que les transports publics ne permettent pas d'aller partout, il s'en faut de beaucoup ! Ils ne desservent pas la petite ville de Kittanning et je n'ai donc aucune chance d'atteindre un village.*

Je me résigne à louer une voiture. Mais il est hors de question d'aller à la rencontre des Amish avec. D'où l'idée de trouver un vélo.

Je regrette de ne pas avoir pu aller plus loin avec les Amish. Il était intéressant de voir comment ils composaient avec la vie moderne. Par exemple, ils ont accepté de mettre des lumières électriques sur leurs carrioles. J'ai également été surpris de voir qu'ils ramassaient des canettes vides sur les routes pour les revendre. C'est plutôt une activité de gens rejetés de la société qu'une activité de gens qui rejettent la société.

Quant au vélo, si je l'ai rapporté à celui qui me l'avait prêté ? Oui, bien évidemment.

Reporter de guerre

L'armée m'avait donné le goût du voyage et du reportage. Cette expédition au Pérou m'a collé alors une étiquette de mec fiable. Sur les tournages difficiles, on évite ceux qui pètent les plombs quand tout fout le camp ou parce qu'il ne reste que du riz sans sel à manger.

C'est grâce à ça que je rencontre un cameraman, Patrick Denaud. Il travaille pour la chaîne de télévision américaine CBS News et cherche un ingénieur du son. Nous formons un duo efficace, lui avec sa formation de journaliste et moi à la technique. C'est le début d'une existence de voyages et de moments forts. Celle des reporters de guerre.

Une vie difficile à planifier. Par exemple, une nuit, nous descendons filmer dans les catacombes de Paris. Il s'agit de montrer un aspect de l'activité nocturne parisienne, très exotique pour les Américains. Le tournage est un peu stressant, des rigolos ont balancé des fumigènes dans les exigus couloirs de pierres. Avec nos lampes, on ne voit plus qu'un halo blanc. Inoffensif. Mais de la fumée, je vais en revoir. Et plus vite que prévu ! Je rentre chez moi, moulu, vers deux heures du matin et comme Patrick, je trouve sur mon répondeur un message du bureau de CBS : « Soyez au bureau demain matin à 9 heures, vous partez à Beyrouth ». Juste le temps de passer quelques coups de fil à ceux qu'on arrive à joindre pour annuler dîners et rendez-vous avant de se retrouver dans l'avion. Il ne faut pas oublier qu'à l'époque, il n'y a pas de téléphones portables.

Quelques heures plus tard, je suis de retour dans la capitale libanaise. Ce que je ne sais pas à ce moment, c'est qu'on vient de prendre un des derniers avions à se poser ici. Dans quelques heures, l'aéroport sera fermé et ne rouvrira que dix-huit mois plus tard.

Et c'est là que je vais découvrir la guerre, la vraie. Mais pour le moment, la ville est calme. Nous posons nos affaires à l'hôtel Commodore, le QG de la presse américaine, puis nous partons déjeuner à la terrasse d'un restaurant. Alors que nous repartons à l'hôtel, nous entendons des détonations. Nous fonçons récupérer le matériel dans nos chambres et nous nous dirigeons en direction des coups de feu, croisant des gens qui fuient la zone, affolés. Nous sommes rapidement bloqués par des miliciens qui nous chassent brutalement en pointant leurs armes contre nous.

Une violente explosion et un nuage de poussière dans une rue proche, puis une deuxième. Nous comprenons rapidement : des obus commencent à tomber sur la ville. Il faut se mettre à l'abri. Nous rentrons à l'hôtel, tout proche. À l'intérieur, l'ambiance a changé. Tout le monde est tendu. Journalistes, cameramen et photographes courent en tous sens et essaient d'avoir des informations. Nous expliquons ce qui s'est passé. Quelques photographes filent dehors pour essayer de rapporter des photos. Nous, on nous dit de rester là et d'attendre. Quelques minutes plus tard, les obus tombent au rythme d'un toutes les vingt secondes. Les photographes sont revenus. Ça y est, c'est la guerre. Nous apprendrons plus tard que le mouvement Amal, une des plus importantes milices musulmanes, vient de lancer l'offensive qui lui permettra de reprendre le contrôle de Beyrouth ouest.

À vingt-quatre ans, on ne peut pas mourir. Rien ne peut nous arriver. Bien sûr, on sait que c'est dangereux et qu'il risque d'y avoir des morts parmi les journalistes, mais ça ne peut pas être nous. Du coup on n'a pas peur. La preuve ? On vient d'apprendre que la voiture d'un chauffeur que Patrick connaît bien a été criblée d'éclats d'obus. Ça n'a aucun intérêt, mais on a envie d'aller voir. Pour l'adrénaline. Tout le problème est d'arriver à sortir de l'hôtel, parcourir les quinze mètres qui nous séparent de la voiture et rentrer dans l'hôtel entre deux explosions. Nous portons les gilets pare-balles remis par CBS. C'est dangereux, mais moins qu'il n'y paraît. En effet, les obus de canon qui tombent sur la ville sont de faible puissance. Leurs éclats blessent et tuent ceux qui sont à proximité, mais ils ne peuvent pas toucher quelqu'un derrière un mur épais et encore moins détruire un immeuble. Nous sortons donc en courant de l'hôtel. Nous avons à peine parcouru quelques mètres que nous entendons un bruit sourd. Nous n'avons pas mis longtemps à l'identifier : un canon vient de tirer un obus. Dans cinq ou six secondes, il tombera quelque part sur Beyrouth. Nous repartons nous abriter derrière les gros poteaux du hall. Même si l'obus tombe dans la rue, nous ne risquons rien. Une violente détonation, l'obus a explosé. Nous repartons à fond la caisse en direction de la voiture. Alors que nous sommes presque arrivés, rebelote, nouveau bruit sourd. Nous repartons une fois de plus nous abriter. À la sixième fois, on pleure de rire, jeunes et insouciants. C'est mon baptême du feu.

Personne ne dort dans son lit cette nuit-là. Un obus est tombé dans une chambre et l'a vidée de son contenu. Patrick et moi installons nos matelas dans le couloir entre les chambres. Mais les obus continuent à tomber régulièrement. On se dit que si un obus arrive sur la porte de la chambre, il explosera dans le couloir. Pas question de prendre ce risque. Nous passerons la nuit dans les caves de l'hôtel avec les autres journalistes. Une bonne centaine de personnes.

Nous ne commencerons à ressortir de l'hôtel qu'au bout de trois jours.

Un après-midi, je suis dans ma chambre d'hôtel, mon casque de baladeur sur les oreilles. Tout à coup, il me semble que le tempo dérape. La rythmique ne va pas bien. Je retire mon casque et j'entends alors des coups de feu, des hurlements, et des rafales de mitraillette. Je me précipite à la fenêtre mais je ne vois rien de particulier. Surtout, j'entends moins bien. Ça se passe dans l'hôtel ! Je ne sais pas quoi faire. Dans un pays en guerre, tout est possible. Des miliciens sont peut-être en train de zigouiller tout le monde. Ou alors ils demandent les passeports, trient les gens et abattent les Américains. Ou les Français. Que sais-je ?

Prudent et méthodique, une des premières choses que j'ai faites en prenant possession de ma chambre, il y a quelques jours, c'est de repérer comment me sauver si nécessaire. Je sais que je peux descendre par la façade. Je suis au cinquième étage, mais toutes les chambres ont un balcon. Il est très facile de se laisser glisser le long de la balustrade, et de poser les pieds sur celle du dessous et de se retrouver un étage plus bas. Je n'ai jamais fait ça, mais depuis l'armée, je n'ai plus le vertige et je sais que je saurai le faire. C'est aussi facile au cinquième étage qu'au rez-de-chaussée.

Je décide de descendre doucement par l'escalier. À Beyrouth, il n'y a plus vraiment de gouvernement. Les factions en présence ont distribué des laissez-passer aux journalistes. Je les place dans différentes poches en essayant de me souvenir où je les mets. Si on me le demande, je tâcherai de donner le bon. Toujours ça de moins pour énerver le mec.

Au troisième étage, je ne vois personne. Je continue ma descente, prudemment, sans faire de bruit. Si j'entends des gens monter, je fais demi-tour et je fonce dans ma chambre. Là, je verrai si je prends le risque de descendre par la façade. Il n'y a plus de coups de feu, mais ça continue de crier. Au deuxième, toujours personne. Curieux. C'est l'après-midi, mais je ne dois pas être le seul client de l'hôtel. Je m'arrête et j'écoute. Ça a l'air de se calmer, il n'y a plus de cris. Au premier, je trouve la femme du correspondant de CBS et quelques autres personnes. On me dit de ne pas descendre. J'hésite, mais je n'entends plus aucun bruit. Je me baisse pour entrapercevoir le hall. Il y a une grosse tache de sang sur le carrelage et des bouts de verre partout. Puis je vois passer des gens du personnel de l'hôtel, ils parlent rapidement, mais je sens que c'est fini. Je descends dans le hall. Des clients traumatisés sortent des cuisines où ils s'étaient réfugiés. Un des réceptionnistes pleure parce qu'il s'est caché pendant la fusillade. Il se considère comme un lâche. C'est seulement à ce moment que j'apprends ce qui vient de se passer. Des miliciens musulmans sont entrés dans l'hôtel. En voyant les rangées de bouteilles d'alcool derrière le bar, l'un d'eux s'est énervé. De plusieurs rafales de kalachnikov, il a nettoyé le bar. Il n'y a pas eu de morts, mais quelqu'un a pris une balle dans la jambe. Il s'agit peut-être d'un règlement de comptes. Celui qui a été blessé est bien connu pour fournir certains journalistes en drogues diverses.

Dans un contexte de guerre civile comme c'était le cas au Liban, on peut passer du calme tranquille à la tempête la plus extrême en quelques secondes. La vie des quartiers proches de la ligne verte est totalement surréaliste. Les rues situées dans l'axe des snipers sont désertes. Des draps accrochés entre les maisons bouchent la vue pour éviter que ces tireurs isolés tuent les gens qui traversent. Et dans les rues perpendiculaires, la vie est à peu près normale. Les vieux prennent paisiblement le thé dans le soleil du matin, des enfants jouent. Ils savent très bien quelles sont les rues dangereuses. Et ceux qui ne le comprennent pas ne vivent pas bien longtemps. À Beyrouth, j'ai vu des images étonnantes : des jeunes filles en maillot de bain sur la plage, et dans le fond, des immeubles en feu et les grosses fumées noires des bombardements.

Et puis, j'ai vu des choses auxquelles je n'étais pas préparé. D'ailleurs personne n'est préparé à ça.

Un matin, on part avec Patrick et notre chauffeur pour le petit village de Kfar Matta dans les montagnes druzes. La veille, un homme est venu informer les journalistes qu'ils doivent venir voir ce qui s'est passé. Je ne sais pas exactement ce qu'il a dit. Moi comme souvent, je n'ai pas écouté. Ça me fatigue de parler anglais et en général je laisse Patrick gérer nos rapports avec les correspondants américains. Donc je ne sais pas exactement ce qu'on va voir. J'ai juste compris que les Druzes avaient repris leur village aux chrétiens qui les en avaient chassés plusieurs mois auparavant.

Je ne sais pas non plus si c'est à cause du danger ou du possible manque d'intérêt du sujet, mais les différentes chaînes américaines ont décidé de faire un *pool*. Une seule équipe y va et les images appartiennent à tout le monde. C'est nous qui allons au charbon et nous sommes parmi les premiers à sortir de la ville depuis les bombardements. Les correspondants font prudemment leurs interventions face aux caméras, sur le toit de l'hôtel, vêtus de leur gilet pare-balles.

Il y a une trentaine de kilomètres pour rallier Kfar Matta. On sait que les routes ont été minées. Tant qu'on voit bien le goudron, ça va, mais quand la chaussée est boueuse, c'est la loterie. Comme je ne peux rien faire, je mets mon baladeur et j'écoute de la musique à fond. Le danger est réel : deux jours plus tard, une équipe de télé s'arrêtera pour filmer le paysage. En se garant sur le bas-côté, la Mercedes roulera sur une mine et l'explosion la mettra sur le toit. Le chauffeur sera gravement blessé.

Il y a dû y avoir de violents combats. Des morts gisent sur le bord de la route. L'un d'eux est dans une flaque, totalement recouvert de boue, une tache rouge vif entre les jambes. « Écouillé », comme me dira plus tard cyniquement un photographe blasé.

Nous arrivons dans le village. Et là, c'est un peu comme si on changeait de planète. Ou qu'on entrait dans un film. Je ne m'en rends pas tout de suite compte, mais je suis sur les lieux d'un massacre. Je commence par voir au sol une chaussure avec un truc qui dépasse. Je regarde mieux et je constate qu'il y a un pied dedans. Ce qui dépasse, c'est un bout de la jambe. Je dois m'y prendre à deux fois avant d'être sûr de ce que je vois. Ailleurs une paire de jambes dans un pantalon. Après cinq mois passés dehors, ce n'est plus très reconnaissable. L'autre partie du corps est un peu plus loin. Le milicien nous accompagne dans les maisons. Dans un sous-sol, il y a une odeur pestilentielle. Patrick filme et moi, en plus de mon micro, je tiens la torche. Dans la lumière, nous découvrons des poupées grandeur nature, avec leurs vêtements, des robes de laine. Ce sont des femmes. Il y a toujours les cheveux, mais les visages sont décharnés. Plus loin, un bébé avec sa mère, une tétine dans la bouche et un trou dans la tête. C'est trop. On se protège. On filme, on fait notre travail et on ne réfléchit pas.

J'ai honte, mais ce qui me touchera le plus, c'est un oreiller trouvé dans une autre cave. Des lignes bleues attirent mon attention. Au stylo à bille, il est écrit : « *My name is Clark Todd, I am journalist for CBC. Please tell my family I love them* ». Je l'indique à Patrick qui le filme.

Nous apprendrons en rentrant à l'hôtel que ce reporter canadien, blessé durant l'attaque au moment du massacre, n'avait pas pu s'échapper avec les autres journalistes. Son corps n'avait été rendu qu'après plusieurs semaines. Je n'ai pas la présence d'esprit d'emporter l'oreiller. Il ne sera jamais retrouvé.

Plus loin, un combattant d'une vingtaine d'années, la kalachnikov en bandoulière, nous amène devant le cadavre de sa mère. Patrick lui pose une question. Sa réponse me sidère : « Pour gagner, nous devons nous battre et pour nous battre, nous devons mourir ».

Bien sûr, il ne vient pas d'apprendre que sa mère est morte. Il le sait depuis des mois. Mais je comprends alors qu'il n'est pas près de déposer les armes. Il ira chercher sa vengeance très loin s'il le faut.

Je me demande comment des hommes en arrivent à tuer des bébés à la mitraillette. Je repense au milicien, à sa vengeance. Je me demande si celui qui a tué le nouveau-né se vengeait lui aussi. A-t-il perdu un enfant, abattu par un sniper ? Je crois que tout le monde est capable des pires atrocités. Pas comme ça, du jour au lendemain. Tout dépend de ce qu'on a vécu avant.

Et je ne dois pas croire que je suis au-dessus de ça. Nous avons tous un potentiel de tueur. En avoir conscience me permettra peut-être un jour d'empêcher les autres de basculer dans une folie meurtrière.

Mon deuxième passage à Beyrouth aura été la découverte d'une autre réalité du monde.

Je ne sais pas comment mes parents ont vécu cette période. J'imagine la peur qu'ils ont dû avoir en entendant à la radio qu'il n'y avait plus aucun contact possible avec Beyrouth à feu et à sang… alors que j'y étais. Ça a dû être très dur. Ces choses-là sont toujours beaucoup plus impressionnantes vues de l'extérieur.

Je me souviens qu'une fois, ma mère m'a dit : « Écoute, on sait bien que ce que tu fais est dangereux. Ce qui nous console, c'est que s'il t'arrive quelque chose un jour, on saura que tu auras vécu comme tu le voulais ».

Avec Patrick, nous couvrirons également la guerre Iran-Irak. Pour nous, ça se résume à une drôle d'attente puisque nous sommes confinés à… l'hôtel.

Les Irakiens contrôlent les mouvements des journalistes sur leur territoire et expulsent immédiatement ceux qui tentent d'enquêter seuls. CBS nous a donné pour mission d'attendre et d'être prêt *just in case*, comme ils disent. Au cas où... La plus grande chaîne de télévision du monde (à l'époque) ne peut pas se permettre de ne pas avoir d'images s'il se passe quelque chose.

On passe ainsi des séjours de trois à quatre semaines en Irak, payés à ne rien faire. De temps en temps, lorsqu'ils viennent de gagner une bataille, les Irakiens organisent un voyage pour les journalistes sur la ligne de front. On se faufile dans les tranchées, on filme quelques cadavres d'Iraniens et on rentre à Bagdad. Bien sûr, on n'entend pas parler des défaites. Dans les deux camps, la désinformation fait rage.

En tout cas, cette mission de correspondant de guerre ne m'empêche pas de dormir. Pour preuve, ce matin où je descends prendre mon petit-déjeuner. Une agitation particulière règne parmi les journalistes. On parle d'un obus tombé dans la nuit. Comme je demande où, tout le monde me répond en chœur, ahuri : « Mais à côté de l'hôtel ! » Ils étaient tous tombés de leur lit et moi, je n'avais rien entendu.

Le cinéma animalier

Fin 1986. J'en ai marre de remettre ma vie en question à chaque coup de téléphone. Ce rythme m'a usé. Et surtout je ne trouve pas cela assez varié. À part quelques moments intenses, on passe l'essentiel de notre temps à filmer des choses sans intérêt. La sortie du conseil des ministres, l'arrivée du président Machin dans un pays, une conférence de presse dans un autre... Et je m'aperçois que, bien que je voyage beaucoup, je ne vois pas grand-chose des pays ni de leurs habitants.

Je veux changer d'univers. C'est à cette époque que mon oncle Hubert m'apprend qu'il a rencontré un réalisateur de films documentaires qui cherche un ingénieur du son. Il s'appelle Gérard Vienne et n'en est pas à son coup d'essai. Lui et son ami François Bel ont signé deux longs-métrages animaliers sortis en salle. Le dernier, *La Griffe et la Dent,* a été sélectionné à Cannes et a eu beaucoup de succès.

Ce film sur les grands fauves d'Afrique avait bénéficié de gros moyens. Les images, magnifiques, montraient la savane d'une manière à la fois poétique et brutale. François Bel, héritier des fromageries Bel, passionné de cinéma animalier, avait investi d'importantes sommes pour que le film soit réussi, sans se préoccuper de la rentabilité.

Je vais donc voir Gérard dans sa petite maison de Maisons-Alfort. Nous descendons dans la cave où se trouve tout son matériel. Après des années de reportage vidéo, je retrouve les odeurs de la pellicule et des caméras. Et surtout je pénètre dans un nouvel univers.

Pour comprendre ça, il faut savoir que Gérard Vienne et François Bel ont développé de nombreux appareils pour mener à bien leurs films. Il y avait par exemple une étonnante chaise qui permettait de descendre dans les falaises pour filmer confortablement les oiseaux. Un engin rigolo mais impressionnant. Après avoir fixé un câble à un arbre, il fallait reculer avec la chaise vers la falaise avant de se laisser descendre dans le vide. Le câble, enroulé sous le siège, se dévidait silencieusement. Lorsque le cameraman était arrivé à la bonne hauteur, il bloquait la descente avec un frein. Il pouvait ainsi filmer les oiseaux confortablement en pleine paroi. Quand le tournage était terminé, il lui fallait remonter les quelques centaines de mètres qu'il avait descendues. Et c'est là que le système était génial. Il lui suffisait de démarrer un moteur de mobylette qui enroulait le câble. L'opérateur remontait donc tranquillement sans effort. La première fois qu'ils se sont risqués dans le vide avec cet appareil a dû être un grand moment. Gérard m'a d'ailleurs raconté qu'un jour, il a même dû démonter la bougie sous le siège en pleine paroi pour arriver à démarrer le moteur. Ce n'est qu'un exemple des nombreux engins qu'ils ont mis au point.

Quand je l'ai rencontré, Gérard ne travaillait plus avec François Bel, mais il tournait un ambitieux long-métrage produit par Jacques Perrin : *Le Peuple singe*. Il y aura quatre ingénieurs du son sur ce film. Je serai l'un d'eux.

C'est mon premier contact avec le documentaire animalier. Et également une des premières fois où je travaille avec des gens qui inventent du matériel permettant d'aller plus loin dans les images.

C'est un peu une nouvelle porte qui s'ouvre : quand ce dont on a besoin n'existe pas, on peut le fabriquer. C'est une évidence, mais là, je mets un pied dans cette démarche. À la base, tout est une question de volonté. Ensuite, c'est une histoire d'argent pour le réaliser. Cela m'aidera beaucoup plus tard lorsque je réfléchirai au système de prise de vues de *J'irai dormir chez vous*.

Avec le tournage du *Peuple singe*, me voici donc embarqué dans une nouvelle histoire qui m'emmènera, entre autres, au festival de Cannes. Mais ce sera surtout une formidable aventure. Une fois de plus, je partais sans savoir quand je reviendrai. En tout, près de huit mois.

Pour le premier tournage, nous allons filmer des chimpanzés en Gambie. Six semaines durant lesquelles je découvre l'univers du cinéma animalier et... les animaux. Je constate que les chimpanzés qu'on voit dans les cirques ne sont que des bébés. Un chimpanzé adulte c'est soixante kilos de muscles, un mètre trente sous la toise, de toutes petites jambes mais un torse d'athlète. Une puissance phénoménale.

Les chimpanzés sauvages évitent l'homme, mais ceux que nous filmons ont été élevés par des braconniers. Ils sont toujours aussi forts, mais n'ont pas peur. Il n'est plus possible de les relâcher dans la nature, ils attaqueraient des villages pour se nourrir. Ils ont donc été libérés sur des îles, parce qu'ils ne savent pas nager.

Les jeunes chimpanzés orphelins sont regroupés sur une île à part. Nous y allons parfois. J'ai le souvenir de moments fabuleux où, dès que nous avons mis pied sur l'île, ils s'approchent, tendent les bras comme le ferait n'importe quel enfant et te grimpent dans les bras. Je me retrouve parfois avec trois ou quatre chimpanzés dans les bras. Ils te font des bisous, farfouillent dans tes cheveux, voient un grain de beauté qu'ils essaient de t'enlever... Très sympa !

Sur la plus grande île, se trouve une vraie société chimpanzé avec ses règles et ses codes. Des adultes et leurs petits. Une vie où les mâles se battent pour être en haut de la hiérarchie. Le dominant, Papoose, est très impressionnant lorsqu'il arrive furibard avec son poil hérissé. Il casse des branches et nous lance des regards de défiance. Il est hors de question de débarquer. Trop dangereux. Pour pouvoir isoler et soigner un animal le cas échéant, les responsables de la réserve ont même installé un ponton avec un sas formé de plusieurs cages. Un imposant réseau de fils barbelés empêche les singes de contourner les portes grillagées. On dirait l'entrée du domaine de King Kong. Nous filmons depuis des plateformes plantées dans la vase.

Un jour, nous ratons l'accostage et nous nous rapprochons de la berge. J'entends crier : « Attention ! ». Je sens un choc et sans réfléchir, je me jette à l'eau en même temps que tout le monde. Papoose vient de sauter dans le bateau. Le singe bondit sur Siegfried qui est resté à bord. Il a le bon réflexe de ne pas lui tenir tête et s'aplatit au fond de l'embarcation. Profitant d'un aller-retour du chimpanzé à la proue, il plonge à son tour.

Nous voilà tous les cinq en train de nager autour d'un bateau avec un chimpanzé seul maître à bord ! Ce dernier, nullement inquiet de la situation, commence à engloutir tout ce qu'il trouve. Il faut empêcher le bateau de dériver trop loin. Je ne sais pas pourquoi, mais les mouches tsé-tsé ne me piquent jamais. Du coup, je suis en short et torse nu, alors que les autres sont en combinaison. Je nage facilement vers le bateau et j'attrape discrètement la corde de l'étrave. Tout en surveillant Papoose, j'accroche le bateau à un pilier. Poussé par le courant, le bateau se met le long de la berge. Mauvaise pioche ! Ce sont désormais une dizaine de chimpanzés qui mangent le stock de bananes qui était à bord. Papoose a pris l'appareil photo de Gérard. Il se prend en photo par inadvertance. Je me réjouis du cliché... lorsque je le vois rincer consciencieusement l'appareil dans l'eau avant de le laisser couler. Rideau !

Il me faudra traverser le fleuve à la nage pour revenir avec Gérard et des bananes pour enfin arriver à faire descendre le groupe sur la berge.

Le tournage le plus fabuleux se déroulera en Amazonie brésilienne. L'ouakari blanc est un singe exceptionnel. C'est une boule de fourrure beige, surmontée d'une tête chauve rouge vif avec de grands yeux marron. Ces primates arboricoles passent l'essentiel de leur vie au sommet des arbres, à une trentaine de mètres du sol, mais dans des forêts partiellement inondées ! Comment réussir l'exploit de les filmer ?

Gérard a engagé Marcio Ayres, un chercheur brésilien qui étudie les ouakaris depuis plusieurs années. Nous habitons tous sur une maison flottante typique de la région. Il a fallu plusieurs jours à Marcio pour la remorquer avec son bateau de la petite ville de Téfé jusqu'au lac Mamirauá, perdu en pleine Amazonie. Nous sommes très loin de la civilisation et les eaux regorgent de piranhas et de caïmans. Posée sur des troncs d'arbre, la maison mesure cinq mètres sur six, avec une petite terrasse à chaque extrémité. Il n'y a qu'une seule pièce. Entre les hamacs, le coin repas et les nombreuses caisses de matériel, nous essayons de garder un semblant d'ordre.

Marcio connaît les itinéraires des ouakaris. Dix-sept plateformes ont été construites dans les arbres, à des endroits stratégiques. Elles sont dissimulées avec des filets de camouflage et recouvertes de bâches qui nous protègent de la pluie. Des lattes de bois clouées dans les troncs permettent de les atteindre. Une fois en haut, on hisse les caisses de matériel avec une corde.

La technique est simple : Marcio suit discrètement les ouakaris à pied ou en pirogue. Par radio, il nous indique les plateformes situées sur leur route. Nous nous précipitons pour nous mettre à l'affût, en espérant que les singes ne changent pas de direction. Mais ils se déplacent vite et sortent parfois de la zone. Nous passons ainsi de longues heures à attendre assis sur nos caisses. Du point de vue du son, c'est encore plus frustrant parce qu'ils ne sont pas très bavards. Heureusement, il reste les oiseaux et les singes hurleurs. Contrairement à ce qu'on pourrait croire, ils ne hurlent pas, mais poussent des rugissements terrifiants – surtout quand on ne sait pas ce que c'est.

Au bout de quelques jours, j'en ai marre d'être mal installé. Je fais rire les autres, mais désormais je pars avec un fauteuil pliant. Évidemment ce n'est pas comme ça qu'on imagine un aventurier, mais quel bonheur ! C'est l'Amazonie, la région est infestée de moustiques. Malgré la chaleur, nous portons des combinaisons intégrales, des gants et une moustiquaire sur la tête. Quand je n'ai rien à faire, je regarde les moustiques sur mes cuisses qui essaient de me piquer à travers mon pantalon. Une fois, j'en compterai plus de cent. J'en verrai deux absolument superbes : plus grands que les autres, tous les deux métallisés, un bleu, l'autre vert. J'ai un peu envie de les garder pour les montrer aux autres, mais je les laisserai repartir. Je passerai aussi un moment sympa avec une libellule. Elle vient régulièrement se poser sur ma main. J'essaie de lui donner du biscuit, sans succès. On se regarde et j'imagine toute une conversation. Cette belle histoire sera interrompue par l'arrivée des ouakaris.

Outre les dix-sept plateformes, nous avons fait construire une véritable petite maison dans un arbre. Elle est *mosquito-proof* : une fois à l'intérieur, on peut ôter les moustiquaires, respirer un peu, boire un café… bref s'y détendre. Et c'est grâce à ça que je vais vivre un de mes meilleurs moments de ce voyage !

Un soir, avec le cameraman, on envisage d'aller dormir dans la maison dans l'arbre. Mais au moment de partir, il déclare forfait. J'hésite. Est-il raisonnable de partir seul de nuit dans la forêt amazonienne ? Sur le chemin, j'ai prévu d'enregistrer des ambiances sonores. C'est un prétexte, je n'en ai pas vraiment besoin, toutes les images sont tournées de jour. Mais j'ai trop envie de cette escapade nocturne. Je décide d'y aller.

Après le repas avec l'équipe, je mets mon matériel dans la pirogue. Chose curieuse, il y a des centaines de moustiques posées sur les rambardes, et pas un ne bouge. C'est peut-être dû à la pleine lune, mais je me plais à croire qu'ils m'autorisent à passer. Comme s'ils me disaient : « Tu te risques dans notre forêt pour la mettre en valeur, c'est bien, vas-y ».

Je traverse le lac, bien éclairé par la lune et j'arrive à une barrière noire, mystérieuse et inquiétante. C'est la première forêt inondée. Je n'ai fait que quelques dizaines de mètres à la lampe frontale lorsque mon regard est attiré par la lueur rouge d'un œil qui me renvoie la lumière de ma lampe. Je ne vois pas bien, mais je suis certain qu'il s'agit d'un caïman. Je n'ai pas peur qu'il m'attaque. Mais quand je serai tout près de lui, il donnera un grand coup de queue pour fuir. J'ai beau le savoir, je sais que je vais sursauter. Contrairement à ce que je m'imaginais, la lueur disparaît sans bruit dans l'eau.

Après avoir traversé la forêt, j'arrive dans le second lac. J'aperçois de nouveau un œil rouge. Je m'enhardis. Tout doucement, avec mille précautions, j'avance la pirogue à un souffle de cette lumière. Dans la pénombre, je vois une petite tête de grenouille. Quel idiot ! Tout à l'heure, j'ai eu peur d'une grenouille ! Pour en être sûr, je prends ma pagaie, je la passe sous la grenouille mais je sors de l'eau un petit caïman d'une trentaine de centimètres ! Je ne prends pas le temps de lui demander où est sa mère et je le remets à l'eau dare-dare. Et m'éloigne tout aussi vite.

J'apprendrai en rentrant que la maman caïman ne se fait pas trop de cheveux blancs pour ses petits. Une fois nés, à eux de se débrouiller. Rien à voir avec la maman hippopotame ou la lionne qui n'aurait pas manqué de défendre leur progéniture si j'avais osé la titiller avec une pagaie !

Je continue ma balade nocturne. La température est douce, les moustiques toujours aux abonnés absents. Pas de moustiquaire sur la tête, pas de gants, la pleine lune distille une lumière féerique, je me sens bien. Les enregistrements se succèdent. L'un d'entre eux m'impressionne. Un cri déchirant puis le silence. Comme si un oiseau s'était fait attaquer par quelque chose avant de sombrer à jamais. Vers minuit, je mets le cap sur la maison dans l'arbre.

Lorsque j'arrive à l'endroit où je dois accoster, j'ai la désagréable surprise de découvrir une dizaine de caïmans. Je me demande ce qu'ils font là. Je n'ai pas le courage de retourner à la maison flottante. Après une petite hésitation, je me dis que le mieux est de leur foncer dessus. Si je prends assez d'élan, la pirogue montera sur la berge. En trois bonds, je serai au pied de l'arbre et il me suffira de gravir quelques échelons pour être à l'abri.

Je m'éloigne d'une cinquantaine de mètres et je fonce vers la berge à grands coups de pagaie. Je crie pour leur faire peur et pour me donner du courage. J'ai le soulagement de voir les caïmans plonger en douceur. Dix minutes plus tard, je suis dans un hamac à trente mètres du sol, conscient que je viens de vivre des moments rares.

De retour à Paris, malgré ces voyages exceptionnels, je me rends compte que le rôle d'ingénieur du son ne me satisfera pas longtemps. Je me souviens pourtant m'être dit quelques années auparavant : « Si je réussis à être ingénieur du son sur des films d'expédition, j'aurais réussi ma vie ». Mais mon objectif désormais, c'est la réalisation. Je veux faire mes films. Il y a d'ailleurs bien longtemps que j'ai commencé ma carrière de réalisateur. Si on veut...

Le premier film

J'ai fait mon premier film à douze ans. Ça s'est fait un peu tout seul, sans préparation. Je passais mes vacances comme d'habitude chez mes grands-parents à La Bégude-de-Mazenc. Mon cousin Jean-Marie Barféty était là. Nous avions le même âge, nous étions complices et intéressés par les mêmes choses. Un jour, nous avons emprunté la caméra Super-8 de ses parents et nous nous sommes lancés dans le tournage d'un film. On inventait l'histoire et, au fur et à mesure, on la filmait. En plus de nous deux, il y avait deux autres vedettes : ma petite sœur Odile et ma cousine Sabine. Et en *guest stars*, les grands-parents et ma tante. C'était l'histoire de quatre enfants privés de fête foraine pour avoir fait des bêtises, qui se vengeaient en faisant d'autres bêtises. Une histoire d'enfants qui parlait aux enfants...

Ensuite nous l'avons monté, coupant et collant la pellicule avec du scotch spécial. Une fois terminé, le film affichait une durée de deux minutes. Il avait été tourné avec une bobine de trois minutes trente, il n'y avait pas eu trop de perte. Quand je pense à *J'irai dormir à Hollywood* qui dure une heure trente-huit pour plus de trois cents heures d'images !

Le résultat était muet. Mais rien ne pouvait nous arrêter dans notre enthousiasme. Nous nous sommes donc attaqués à la partie son. À l'aide d'un magnétophone à cassettes, nous avons fait une véritable séquence de postsynchronisation. Un après-midi, nous avons réquisitionné nos comédiens et ils ont dû redire leur texte en se regardant sur l'écran. Ce qui est formidable, c'est que tout le monde, adultes compris, s'est appliqué de son mieux. Tout ça avec en fond musical, le célébrissime *Pop-corn* de Hot Butter. Évidemment, il n'y avait aucun système de synchronisation entre l'image et le son. Alors pendant la projection du film, quand le décalage se faisait trop important, il suffisait d'arrêter pendant une ou deux secondes le projecteur ou le magnétophone pour remettre les choses en phase.

Aux vacances suivantes, je vais chez Jean-Marie à Lille. Ce coup-ci, mon oncle Hubert m'a prêté une caméra un peu plus performante et on peut filmer image par image. Nous nous lançons dans un dessin animé. Le résultat dure vingt secondes. On a créé un petit personnage, en papier découpé, qui arrive de derrière un rocher. Il parle et dit qu'on va voir un film de trucages. Le personnage possède trois paires de jambes qu'on permute pour donner l'impression qu'il marche. Et quand il parle, on pose délicatement avec une aiguille un petit rond noir sur sa bouche. Une fois animé, on voit sa bouche s'ouvrir et se fermer. Nous avons tout à découvrir et nous nous sentons comme Georges Méliès.

Malheureusement, la caméra n'a pas de visée reflex et ne permet pas de voir si l'image est nette. Le résultat sera un peu flou, mais il en bluffera plus d'un, dont mon père. Et épater son père, c'est une grande réussite dans la vie d'un petit garçon.

En revanche, le reste du film est une succession d'essais techniques plus ou moins réussis. Je me souviens qu'on a fait exploser une maquette de bateau avec des pétards à mèche. L'idée était de filmer ça au ralenti, mais en passant de dix-huit à vingt-quatre images, l'effet était quasi invisible. Pour que cela fasse plus vrai, on a fait retomber les débris de l'explosion sur la maquette. Malheureusement, on voit nos mains dans le haut de l'image en train de lâcher les morceaux du navire qu'il a fallu casser à la main, les pétards n'ayant pas fait assez de dégâts. Pour compléter le tableau, le fier navire navigue sur une vilaine bassine bleue et l'horizon n'est autre qu'un stade de foot. Bref, ce n'était pas terrible. Mais on faisait de la recherche. Ça ne peut pas marcher à tous les coups.

Le film qui terminera notre période de grande création cinématographique sera produit par Jean-Marie. C'est un « long-métrage » de dix-sept minutes ! On a alors quinze ans. Plusieurs jours de tournage et au moins une dizaine de bobines de film. En plus d'être producteur et auteur, Jean-Marie est le comédien principal avec mon cousin Frédéric. Du coup, c'est moi qui filme ; particulièrement mal, d'ailleurs. Ça bouge effroyablement d'un bout à l'autre. Mon meilleur souvenir restera la réalisation de la bande sonore. Nous avons transformé le salon de ses parents en studio d'enregistrement. Personne n'a plus le droit d'entrer. Ici on bosse ! La technique n'a pas changé : il faut redire les dialogues sur les images en une seule prise. Sauf que ce coup-ci, ça dure dix-sept minutes, et que la bande son est beaucoup plus complexe. Sur la grande table, on trouve pêle-mêle, un magnétophone et un micro sur pied, un tourne-disque, les textes à dire, des disques vinyles et différents accessoires de bruitage. Derrière nous trône le projecteur. Nous faisons chacun une voix. Jean-Marie a mué, alors il fait la voix de Frédéric qui est plus âgé que nous. Quant à moi, avec ma voix de gamin, je fais celle de Jean-Marie. C'est parti, et ce n'est pas de la tarte ! Nous devons dire nos textes tout en bruitant les scènes. Nous nous sommes réparti les rôles. Pendant que l'un dit son texte, l'autre gère les effets sonores. Il faut mettre le disque d'ambiance d'oiseaux quand les comédiens sont dans la forêt, bruiter quelques mouvements plus importants que les autres.

Puis changer de disque pour envoyer les musiques. Ça paraît tout simple, mais ça veut dire poser délicatement le bras du tourne-disque sans faire de « scratch », au bon moment et sur le bon morceau et sans se gourer de vitesse entre les 33 tours et les 45 tours. On doit même parfois changer de place pour être à côté du tourne-disque. Et en plus il faut mixer, avec le bouton de volume du haut-parleur. Les musiques ne doivent pas couvrir les voix et partir en douceur. Tout se fait à l'estime, on n'a pas de casque.

À la fin du film, il y a un coup de feu. Ça, c'est le truc terrible ! On produit le son en claquant une règle en bois contre la table. Le son doit arriver au moment où le pétard qu'on avait glissé dans le canon de la carabine à flèche explose. Plusieurs fois, alors que les quinze premières minutes qui précèdent sont bonnes, on rate notre coup. Il faut tout recommencer au début !

J'ai récemment transféré toute notre production sur des cassettes professionnelles. Je les ai revus. Ils sont plein de naïveté et d'erreurs. Par moments, ce sont même des leçons de ce qu'il ne faut pas faire en matière de cinéma. De véritables cas d'école. Aucune notion d'ellipse. Il y a des répétitions évidentes : les comédiens disent ce qu'ils vont faire, puis ils le font, et à la fin, ils disent qu'ils l'ont fait. Mais qu'importe ! L'essentiel, c'est que ces films existent !

Depuis, les années ont passé, mais nous sommes restés tous les deux dans l'audiovisuel.

Doug, le prisonnier
(*Les coulisses de* J'irai dormir à Hollywood)

— TC : 16' 55"

Doug partait en prison pour quinze ans. Il était très troublé et on le voit bien dans le film. Il m'a expliqué qu'après sa condamnation, puisqu'il n'avait pas commis un gros délit, on lui avait laissé deux mois pour mettre ses affaires en ordre. Je pense qu'à sa place, j'aurais profité de ce répit pour quitter le pays.

Il m'a dit qu'il n'allait pas dans une prison de haute sécurité, qu'il aurait accès à internet et qu'il pourrait même jouer au golf. J'ai du mal à savoir s'il croyait vraiment ce qu'il me disait et s'il essayait de s'en persuader.

Selon lui, sa seule faute est de s'être promené avec une arme dans sa voiture sans permis. Je n'en suis pas sûr. J'ai croisé des Américains à qui j'en ai parlé. Ils pensent qu'il était sous le coup d'une mise à l'épreuve. De retour en France, nous avons regardé sur internet pour voir si sa peine était en rapport avec l'infraction. Compte tenu des lois en vigueur en Floride, la sanction est vraiment disproportionnée. Il doit y avoir autre chose dont il n'a pas eu envie de me parler.

Je voulais mettre les coordonnées de Doug au générique de fin pour que ceux qui le veulent puissent lui écrire. Je pensais que ça pourrait lui faire plaisir d'avoir plein de correspondants. Je lui ai demandé son accord par plusieurs e-mails auxquels il n'a pas répondu. Contrairement à ce qu'il disait, il n'avait peut-être pas accès à internet. J'ai essayé de téléphoner à sa femme, mais elle avait déménagé. J'ai donc abandonné cette idée.

Sortir du cercle vicieux

En 1985, malgré mes deux films d'expédition, personne ne me fait confiance comme réalisateur. À chaque rendez-vous, on me dit que mon projet est intéressant mais qu'on ne peut pas y donner suite car je n'ai pas assez d'expérience. Il faut que je casse ce cercle vicieux. Je gagne normalement ma vie et je décide de financer moi-même le tournage d'un vrai documentaire. D'après mes calculs, ça va me coûter le prix d'une voiture neuve. J'ai une mobylette pour me déplacer dans Paris, je n'ai pas besoin d'une voiture neuve. Donc j'ai les moyens.

Pour que le film marque, il faut trouver un sujet qui décape. Parmi les amis de mes parents, il y a un homme exceptionnel, Robert Chomeaux, dit Chomo. C'est l'archétype de l'artiste fou.

Il ne veut pas vendre ses œuvres et vit comme un ermite dans la forêt de Fontainebleau. Il n'attend plus rien du marché de l'art et il est en guerre contre la planète et ses institutions. Comme il n'a pas de revenus, il fait les poubelles pour manger. À côté de ça, il crée, en permanence, dans tous les domaines : sculpture, peinture, musique… Rien ne l'arrête. Et quand il trouve une piste intéressante, il la développe un peu, puis il explore ailleurs. J'apprécie cette recherche permanente.

Je me lance dans ce film, sans même me poser la question de savoir à qui je pourrai le vendre. J'ai simplement pris ma décision. À partir de ce moment, je raisonne comme si j'étais une société de production. Je ne suis certainement pas un bon producteur parce que je ne discute pas les prix. De plus, je paye rubis sur l'ongle en rapportant le matériel, alors que la plupart des sociétés payent leurs fournisseurs plusieurs mois après. Mon principal problème est de suivre Chomo. Il a presque quatre-vingts ans mais rien ne le freine dans sa création perpétuelle. C'était vraiment un type extra-ordinaire !

Sa petite maison regorge d'œuvres et il a construit de grands bâtiments étonnants. Une armature de bois, et des murs de plâtres parsemés de bouteilles de verre pour laisser passer la lumière. Évidemment c'est sale. Lui-même se lave peu et ça ne sent pas très bon chez lui. Mais il a réglé définitivement le problème en laissant en évidence des fromages bien avancés dans sa chambre qui endossent la responsabilité. Je passe de longues journées avec lui. Je m'enrichis à son contact. Je pense que c'est en partie de lui que je tiens mon énergie. Il gueule à qui veut bien l'entendre qu'il vivra jusqu'à ce que son œuvre soit terminée. Rien ne semble l'atteindre. Tout ce qui n'est pas création n'est que secondaire. Il crée. Sans arrêt. Et c'est bien mon problème.

Chaque fois que je vais le voir, il a des pièces nouvelles. Et je me dis : il faut absolument que je mette ça dans le film. Et je retourne louer la caméra. C'est infernal. Ça commence à me coûter vraiment cher. Je termine ce film deux ans après l'avoir commencé. Il faut maintenant le vendre. C'est mon époque CBS. Entre deux voyages, j'essaie de décrocher des rendez-vous à Paris. Un soir, mes efforts portent leurs fruits. Le téléphone sonne et celui qui s'occupe des *Surprises* sur Canal Plus, me dit qu'il prend le film si je le raccourcis de moitié. Malheureusement, je dois repartir pour CBS le lendemain matin, pour une durée indéterminée, comme toujours. J'ai peur que le mec de Canal change d'avis. Il faut battre le fer pendant qu'il est chaud, dit-on. C'est ce que je vais faire. Mais ce n'est pas simple. Le film est sur une bande professionnelle que je ne peux regarder chez moi. Et la seule cassette VHS que j'ai est chez un copain à Fontainebleau. Je n'ai pas le temps d'y aller. J'appelle mon copain et je lui demande de passer le film sur sa télé et de mettre son téléphone à côté. À l'autre bout du fil, j'enregistre sur une mini-cassette.

Je connais mon film par cœur. Je passe donc une partie de la nuit à minuter les séquences et à réfléchir à ce que je vais couper. Avant de prendre l'avion, j'appelle ma copine Corinne Planchais. C'est elle qui a monté le film. Je lui donne les coupes par téléphone. Elle fera les modifications dans la semaine et enverra la bande à Canal. Le film passera discrètement puisque c'est une *Surprise* de Canal Plus, mais j'arriverai à obtenir un petit article dans *Libération*. Je le vendrai cinq ans plus tard au magazine *Faut pas rêver* sur France 3, puis en version intégrale à Valentine et Jacques Perrin pour l'émission *La 25e heure* sur France 2.

Deux ans plus tard, je propose à *Thalassa* de faire un film sur les gens qui plaquent tout pour vivre sur un voilier. Le sujet m'intéresse d'autant plus que j'ai rêvé de vivre comme ça. C'est même pour me payer un voilier que j'ai commencé à travailler à vingt ans. Je n'ai pas la chance de rencontrer Georges Pernoud ce jour-là, mais je suis tout content de montrer à mon interlocuteur mon film sur Chomo. Il me dit : « C'est un film sur un sculpteur. Faire un film sur la mer, c'est autre chose ! »

J'avoue que là, j'ai du mal à garder mon calme. Mais dans ce genre de rendez-vous, tu ne peux pas te mettre en colère. Je suis complètement demandeur. Il me faudra des années pour arriver à changer ça. Ne plus me mettre dans la position de celui qui demande, mais de proposer les films. Là, ils acceptent ou ils refusent mais déjà, rien que dans la manière de présenter ton histoire, tu augmentes tes chances de réussir.

Zazou dans le métro

Après avoir mis en boîte le talent de Chomo, je me lance dans un film plus fantaisiste. Nous sommes à la fin des années quatre-vingt. À cette époque, on voit toutes sortes d'expéditions et de films d'aventures à la télévision. Certains ne riment vraiment à rien et ça me donne envie de réaliser une parodie d'expédition.

Une exploration dont j'avais eu l'idée en allant au collège en métro. Dans certaines stations, lorsqu'on se penche sur le quai, on peut apercevoir la station suivante. Je calculais le temps qu'il me faudrait pour la rejoindre en courant et je le comparais au temps qui s'écoulait entre deux rames. Ça me semblait jouable et excitant. À treize ans, je n'avais pas osé, mais quinze ans plus tard, je pense que je peux faire un film amusant : le tour de Paris à pied, par les tunnels du métro.

Je commence par faire un repérage précis. Plusieurs allers-retours, le nez collé à la vitre fumée placée derrière le chauffeur. Sur un petit magnétophone, je signale les bifurcations, les abris, les portes qui s'ouvrent dans les parois des tunnels. Et surtout j'admire ce que je vois. Les grandes courbes, les montées et les descentes. Par moments, le mur du tunnel s'interrompt, laissant deviner de grandes salles sombres et mystérieuses. Le plus beau est l'approche des stations. On voit au loin le quai éclairé, comme lorsqu'on aperçoit enfin le port sur l'horizon, après une nuit en pleine mer. Les rails brillants forment de longs rayons qui convergent vers la lumière. C'est magnifique.

Une fois de plus, je n'ai pas trouvé de financement. Aucune chaîne ne croit à mon projet. Ce sera encore moi le producteur. J'ai réuni quelques copains sur qui je pouvais compter. Il y a d'abord Christophe Roesch et Pierre-Alain Laprée, deux copains de Fontainebleau. Ma copine Lucie Guerber-Cahuzac décide de tenter l'aventure avec nous. À l'époque, elle est responsable du magasin Guerlain de la tour Montparnasse et elle a envie de mettre de la fantaisie dans sa vie. Le quatrième compagnon, c'est Thierry Machado qui filmera le voyage avec une petite caméra vidéo 8. Dix ans plus tard, il aura un César pour les images de *Microcosmos*.

Nous portons tous godillots, sacs à dos et lampe frontale. Il ne s'agit pas de faire un exploit, mais de tourner un film fantaisiste et drôle. Je n'ai pas réussi à obtenir d'autorisation et nous sommes en pleine période d'attentats à Paris. La sécurité doit être à son maximum. Nous n'avons pourtant aucun problème pour pénétrer dans l'enceinte du métro. Nous entrons de nuit par des stations en travaux. Parfois, on enjambe les grilles du métro aérien. Ou encore plus simplement, on pousse le portillon au bout du quai et on descend sur les voies avant la fermeture du métro. Nous ne serons jamais embêtés. Nous demandons même notre chemin aux ouvriers dans les immenses hangars près de la place de la Nation. On filme tout le monde, en leur balançant la lumière en pleine poire. Personne ne s'inquiète de notre présence. La caméra laisse peut-être entendre que nous sommes légitimes.

Cela étant, ce périple dans les entrailles du métro parisien comporte un réel danger : du courant électrique circule lui aussi au milieu des voies. J'ai emmené un testeur pour le mesurer. Outre l'aspect pratique et vital de ce matériel, cela me fait une séquence de plus pour le film. Toujours prudent, j'ai fixé les contacts au bout de longs bâtons. Pas question de m'approcher de ce truc. Je touche le rail électrique. Il n'indique que quelques millivolts : il n'y a pas de courant. Une envie me traverse l'esprit : poser ma main sur le rail électrique, comme pour le prouver. Une de ces impulsions stupides qui t'incite à mettre ta vie en danger. S'il n'y a pas de courant, ça ne sert à rien, si je me suis trompé, je grille. Comme lors de ma petite fugue, je préfère être sûr du feu vert. Après un instant d'hésitation face au risque, je m'abstiens. Et cette décision me sauve la vie. Deux jours plus tard, je fais un nouvel essai. Je trouve de nouveau quelques millivolts. Cela me paraît bizarre. J'utilise un nouveau testeur à affichage numérique. En regardant mieux, je m'aperçois que je l'ai mal réglé. Après modification, il indique 750 volts en courant continu. Si on touche, on reste collé. Pratiquement aucune chance de s'en sortir. J'ai un frisson rétrospectif.

Parmi les souvenirs plus fantaisistes de cette expédition, je me souviens d'un bivouac à la station Champ-de-Mars. On ne la trouve pas sur les plans de métro car elle est fermée depuis la guerre. On a sorti le réchaud, les poêles, les bouteilles, les saucisses, une musique country et on a fait un pique-nique. Alors que nous dînons tranquillement, nous entendons une rame arriver. En pleine nuit, on ne s'y attendait pas. Nous allons tous nous cacher, laissant la plupart de nos affaires sur le quai, dont le réchaud allumé qui crame les saucisses. Nous voyons déboucher du tunnel un truc que je n'ai jamais vu. Une rame technique jaune avec des grues partout. Le conducteur s'arrête puis appelle : « Il y a quelqu'un ? » Nous sortons de notre cachette avec, comme toujours, notre projecteur et la caméra. J'ai déjà vu des visages ahuris, mais lui, il est dans le top ten. On lui propose un coup à boire pour le détendre, mais il refuse avant de repartir.

Quelques instants après, quand le silence est retombé, c'est la cavalcade sur les voies. Nous craignons qu'il nous dénonce. Nous sortons du métro en sautant les grilles de la station La Motte-Piquet. Nous continuerons demain.

Pour terminer le film, je voulais un plan pendant la traversée du pont de Bir-Hakeim avec la tour Eiffel derrière. À l'époque, elle s'éteignait à minuit et le métro s'arrêtait à une heure. Donc, nous devons tourner la séquence pendant le trafic. À 23 heures, nous sommes en poste à la station Passy. Nous attendons qu'une rame passe et qu'il n'y ait plus personne avant de partir à pied sur le pont. C'est vraiment drôle. Lorsqu'une rame arrive au loin, nous nous accroupissons dans la pénombre sur le bord de la voie, la tête baissée, en espérant que le chauffeur ne nous voie pas. Il faut dire que les phares des métros n'éclairent rien.

Zazous dans le métro est un film de treize minutes. J'ai réussi à le vendre à TF1 et il est passé dans plusieurs festivals. Il sera même primé. Mais ça ne suffira pas à me faire reconnaître comme réalisateur.

La route des cocotiers

Fin 1987, à force d'insister, je décroche une petite co-production avec *Thalassa*. Ils me donnent 70 000 francs[1] pour faire mon reportage sur les gens qui partent vivre sur des voiliers autour du monde. Ce sera *La Route des cocotiers*. Thierry Machado fait de nouveau partie du voyage. Ni l'un ni l'autre ne sommes payés. Entre-temps Patrick Denaud, avec qui j'étais à Beyrouth, a monté une société de production, Ovni, avec deux autres reporters. Ils acceptent de coproduire mon film et me prêtent le matériel de tournage. Mais il faudra faire tout le film avec l'argent de Thalassa. 70 000 francs, c'est peu.

Nous allons pourtant tourner en France, aux Canaries, aux Antilles, en Guyane et au Brésil. La moitié du budget part dans les billets d'avion. C'est cher, mais pour filmer les gens qui vivent autour du monde, il faut bien aller les voir. Du coup, c'est le système D poussé à l'extrême. On dort sur un voilier prêté aux Antilles, on se déplace à deux sur un scooter avec tout le matériel. Et quand on prend l'avion, nos petits bagages à main n'ont l'air de rien, mais ils pèsent à eux deux pas loin de quarante kilos. Pas question d'avoir des excédents de bagages. Le montage se fera sur un banc de montage VHS dans ma chambre de bonne de dix mètres carrés. Je dois enjamber les

1. Environ 10 500 €.

magnétoscopes pour atteindre la douche. Finalement je livre le film sur un format professionnel. Du budget de départ, il reste même 324 francs[1] !

Quelques mois plus tard, je croise Georges Pernoud. Il a revu le film lors de la diffusion. Il me félicite. Ça me touche beaucoup. Je commence à croire que je suis capable de réaliser. Je continue comme ingénieur du son quelques années, mais je sens que je vais aller plus loin. Dès lors, je serai toujours dans une logique de progression. Je veux me dépasser, ne jamais tomber dans une routine.

1. Environ 50 €.

Engueulade dans un bus
(*Les coulisses de* J'irai dormir à Hollywood)

— TC : 20' 55"

Cette séquence s'est déroulée dans la banlieue de Miami dans une petite ville qui s'appelle Hollywood. Ça m'amusait de voir à quoi elle pouvait ressembler. Je m'amusais à essayer de rencontrer les vedettes de Star Island. C'est une île très chic habitée par des milliardaires. On dit que Julio Iglesias y possède une maison. C'est en y allant que j'ai pris ce bus. Si on regarde la séquence, on voit bien que ce n'est pas moi qui lance la conversation. Et les choses s'enflamment toutes seules.

La proportion que la discussion a prise est très révélatrice du malaise profond existant ici entre les Noirs et les Hispaniques. À la fin, ils ont appelé la police chacun de leur côté et deux flics les attendaient au terminus. J'étais surpris de voir leur rapidité de réaction. Une fois sur le trottoir, j'ai demandé à la dame si elle voulait que je reste, mais elle m'a dit que ce n'était pas utile.

Je précise que ce Hollywood fait beaucoup moins rêver que son homonyme californien. Les gens y sont terriblement sur la défensive. À un moment, je parlais à mes caméras et je faisais des allers-retours dans une petite rue. Un comportement inhabituel, donc suspect. Puis j'ai aperçu des enfants devant une maison et une femme qui me regardait avec méfiance.

Je me suis dirigé vers elle pour engager la conversation :

« Bonjour, je suis Français et je traverse les États-Unis.

— N'approchez pas ! »

Je m'arrête et je demande :

« C'est un mauvais quartier ici ?

— Oui c'est un mauvais quartier et je ne vous connais pas.

— Ce n'est pas comme ça que vous allez me connaître.

— Je ne veux pas vous connaître.

— Ah bon ? Mais vous ne connaissez personne ?

— Non je ne connais personne. N'avancez pas ».

Aux États-Unis, les deux sujets qui rendent les gens particulièrement nerveux sont les agressions et la propriété privée. Elle était extrêmement tendue et je la sentais prête à attraper un flingue. Je n'ai pas insisté.

Trois mois en mer

Je continue inlassablement à proposer des projets aux chaînes. Et ça finit par payer. France 2 accepte de coproduire un film que je leur apporte. Lors d'une expédition à Djibouti quatre ans plus tôt, j'ai rencontré les responsables d'une association originale. Pour permettre aux jeunes de prendre un nouveau départ dans la vie, ils ont une technique : les couper de leur environnement en les emmenant en haute mer. Je vais donc filmer une traversée de l'Atlantique en voilier avec un équipage de jeunes délinquants.

Une fois de plus, Thierry se chargera de l'image. Nous embarquons sur un vieux voilier de trente mètres en bois pour une aventure hors normes. Mes compagnons de bord sont de vrais délinquants. Tous mineurs. On ne m'a pas dit qui a fait quoi, mais je sais que certains ont violé, d'autres ont tué. De vrais durs, mais en même temps toujours des gamins.

Le voyage va durer plusieurs mois. Le budget du film ne permet pas un tournage aussi long. J'ai décidé de filmer le départ de France et la première semaine de mer. Ensuite, nous les retrouverons aux îles du Cap Vert pour la traversée de l'Atlantique. En larguant les amarres, je ne sais pas que sur les trois mois qui viennent, je ne passerai que quinze jours à terre.

En effet, lorsque je rentre à Paris après une semaine de mer avec les jeunes sur le voilier, je trouve un message sur mon répondeur.

« Ah Antoine, c'est con… t'es pas là, j'avais un truc à te proposer… Bon tant pis… »

C'est Yves Zéau, un mec étonnant. Astronome et producteur de films, toujours plein d'idées. C'est lui qui avait monté l'expédition de Djibouti. Je le rappelle aussi sec. Et là, il me lâche le programme.

« J'avais la possibilité de t'envoyer sur un bateau de l'Ifremer[1]. Je pense que c'est trop tard. On est lundi et le bateau part vendredi de San Diego en Californie. C'est dommage parce que je t'avais obtenu une plongée dans le sous-marin *Le Nautile* pour filmer le fond de la mer… »

Voir le fond de la mer ?! Ni une, ni deux, j'accepte. Il rappelle *Thalassa* pour leur dire que le film se fait. Il n'y a qu'un petit problème dont je ne parle à personne : l'Ifremer souhaite que l'on tourne en 16 millimètres et non en vidéo. Or moi, la seule fois que j'ai tourné en film, c'était au Pérou avec ma caméra à ressort. Je n'ai jamais utilisé une caméra professionnelle. Je ne sais même pas charger la pellicule. Cette opération se fait à l'abri de la lumière, les mains dans un sac. Mais tout s'apprend. J'appelle Thierry pour qu'il me montre. Le départ est dans deux jours.

Le jeudi matin, je pars seul avec mes trois caisses pour la côte ouest des États-Unis. J'embarque en pleine nuit et le lendemain, lorsque le bateau appareille, je ne connais personne à bord. La lumière sur les immeubles de San Diego est superbe. Au point que le chef d'expédition me demande pourquoi je ne filme pas.

« Attends, filmer un départ en bateau, c'est d'un classique ! Je commencerai le film dans l'action. Ce sera bien mieux ».

La vérité, c'est que je suis totalement incapable de filmer maintenant. Il va me falloir des heures pour apprivoiser la caméra. Et si j'ai pris le risque de partir,

1. Institut français de recherche pour l'exploitation de la mer.

c'est parce que je sais qu'il nous faudra une semaine avant d'arriver sur zone.

J'en profite pour parler avec les chercheurs. Ils sont venus étudier les nodules polymétalliques. Ce sont des concrétions noires qui tapissent le fond de l'océan Pacifique. Elles sont riches en cuivre, cobalt, nickel et manganèse et la France envisage sérieusement de les exploiter. Malgré mon niveau d'études ridicules, je n'ai aucun complexe vis-à-vis d'eux. Je pose des questions et ça me passionne. J'adore la vulgarisation. Quand je ne comprends pas, je réfléchis et je reviens à la charge. J'ai la chance de tomber sur des chercheurs ouverts et compréhensifs. Bien que j'aie trente ans, je crois que mon enthousiasme de gamin les amuse. Ce sera la première des expéditions scientifiques que je filmerai.

Nous sommes partis depuis trois semaines. Le tournage se passe bien. Une dizaine de plongées ont déjà eu lieu. Aujourd'hui c'est mon tour. Je sens monter en moi une peur sourde et je crains qu'elle se transforme en terreur. Comme celle que je n'ai pas réussi à surmonter un an auparavant lors d'un stage de chute libre. Incapable de me dominer, j'avais abandonné. Et là je redoute de ne pas pouvoir me contrôler au moment où le copilote fermera la porte du sous-marin.

Plusieurs fois à table, la conversation est venue sur ce qui pourrait arriver au fond. Le fameux : « et si ». Et si le *Nautile* devenait incontrôlable ? Et si on restait coincés au fond de la mer ? Les réponses sont variées. En cas de panne totale, il faudra attendre que les batteries soient à plat. Cela peut prendre plusieurs jours. Mais on a une semaine d'oxygène. Ensuite, le sous-marin ne pourra plus retenir ses lests qui se détacheront automatiquement. L'engin remontera alors comme un bouchon.

Si rien ne marche, il reste un coffre sur le dos du *Nautile*. Ils l'ont appelé « Psychose ». On a de l'humour à l'Ifremer. Il contient une bouée qui monte d'une trentaine de mètres avec une grosse anse. Le but pour le bateau qui croise cinq kilomètres plus haut, c'est de laisser tomber un grappin pour essayer de l'accrocher ! Bref, même si le bateau sait où on est grâce au GPS, ce n'est pas gagné.

Pour l'instant, je me concentre sur le matériel que je dois emporter. Ne rien oublier. Une fois la plongée commencée, le sous-marin ne pourra pas remonter. L'engin n'utilise aucune énergie pour atteindre le fond de la mer. On le leste et il coule. C'est tout bête ; et économique. Donc, une fois parti pour la descente, pas question de faire marche arrière.

C'est l'heure. Je me glisse dans le sous-marin jaune par le trou de soixante centimètres de large. L'habitacle est une sphère de deux mètres de diamètre. C'est la forme qui résiste le mieux à la pression. On me passe mon matériel. À l'intérieur, il y a deux couchettes. Une pour le pilote, l'autre pour le chercheur. Aujourd'hui elle m'est réservée. Une fois à plat ventre, j'ai le nez contre le petit hublot qui me permettra de voir le fond de la mer. Le copilote, lui, est assis entre nous deux et regarde par un troisième hublot.

Le chariot qui porte le sous-marin recule jusqu'à l'arrière du navire. On ferme la porte. Dans l'action, j'oublie d'avoir peur. Le portique soulève le sous-marin avant de basculer au-dessus de l'eau. Les dix-huit tonnes du *Nautile* se balancent. Une fois à l'eau, les plongeurs vérifient une dernière fois le submersible et donnent le feu vert pour la plongée. Un nuage de bulles et c'est parti. À travers le hublot, je filme la surface qui s'éloigne.

La lumière change vite. Les hublots s'assombrissent rapidement. En quelques instants, nous sommes passés du grand bleu à la nuit noire. Il reste encore deux heures de descente pour toucher le fond.

Parfois, les chercheurs profitent de ce temps libre pour regarder un film sur la vidéo du bord. Mais je sais que les huit heures de la plongée passeront vite. Je demande au pilote de faire semblant de travailler pour tourner quelques plans : il passe des communications radio, utilise le sonar, manœuvre les bras articulés du sous-marin...

Le copilote nous avertit que nous sommes à quatre-vingts mètres du fond. Il lâche une partie du lest pour ralentir la descente, puis allume les projecteurs. Je scrute par mon hublot mais je ne vois que la lumière bleutée des lampes. Puis le fond clair de sédiment apparaît, couvert de grosses taches noires : les fameux nodules polymétalliques.

Le travail au fond de la mer va durer quatre heures. C'est formidable. Le sous-marin avance très lentement, 1 à 2 kilomètres à l'heure et les projecteurs n'éclairent qu'à une dizaine de mètres. J'ai l'impression de visiter les plaines de la Beauce avec une lampe de poche. Peu de traces de vie. En tout, nous verrons trois poissons tout blancs et probablement aveugles. Immobiles, ils semblent observer les bras du *Nautile* en action. Plus loin, nous remontons d'impressionnantes falaises. Génial. Je n'ai qu'un regret : impossible d'avoir une vision d'ensemble.

Lorsque le pilote amorce la remontée, je regarde intensément les nodules et le fond du Pacifique. J'ai une vraie tristesse, une sorte de nostalgie. C'est comme s'arracher à un rêve. Cette aventure exceptionnelle justifie pleinement cinq semaines de haute mer.

Deux heures plus tard, nous faisons le bouchon en surface, attendant que le *Nadir* nous repêche. Le *Nautile* danse dans tous les sens. Nous devons nous cramponner. Mais le plus dur est encore l'envie de pisser. On a tenu huit heures, personne n'a utilisé le Tupperware, mais à présent ça urge.

De retour à bord, je continue le tournage. Pour la deuxième fois de ma vie, je filme seul. Mais là c'est vraiment compliqué. Sur un bateau, tout ce qui n'est pas attaché se casse la figure. Si je veux modifier l'orientation d'un projecteur, ou déplacer un micro, je dois retirer la caméra du trépied et la poser au sol. Et quand la mer est plus forte, il faut coucher aussi le pied pour qu'il ne tombe pas.

Chaque séquence me prend un temps fou. Mais je constate une fois de plus que je peux me débrouiller seul. J'avance lentement, mais j'y arrive. Comme toujours, il faut simplement ne pas lâcher.

Quelques jours après mon retour à Paris, je repars avec Thierry pour les îles du Cap Vert. Le grand voilier et son jeune équipage nous attendent pour rallier Haïti de l'autre côté de l'Atlantique. Nous prenons la mer en fin de journée. Et c'est reparti pour trois semaines en autarcie nautique !

Comme sur tous les bateaux, la vie est rythmée par les quarts. Avec Thierry, nous devons maintenir le cap jusqu'à minuit. Il fait nuit et le temps est clair. Je suis à la barre quand je vois une masse sombre à l'horizon. Je commence à me dire qu'il y a sacré orage en vue. Il n'y a pas de lune mais les étoiles permettent d'y voir un peu. Il est minuit moins dix et je souris en pensant que ceux qui vont nous succéder à la barre vont se le prendre sur la figure. Le bateau file à vive allure. Le vent vient par le travers et je trouve bizarre que ce nuage ne se déplace pas plus vite.

J'en parle à Thierry qui se lève pour scruter l'horizon. Je lui demande si on a passé toutes les îles de l'archipel du Cap Vert. Il ne sait pas, et tout le monde dort. On nous a juste donné un cap à suivre. Je réfléchis. Ça ne peut pas être une île. La masse noire est beaucoup trop haute. Les minutes passent.

« Tu ne trouves pas qu'il fait plus chaud ? » m'interroge Thierry. C'est vrai qu'il fait plus chaud. Là, c'est inquiétant. Il va réveiller le neveu du capitaine qui allume le radar. Un vieux truc qui met plusieurs minutes à chauffer. Soudain on entend un hurlement : « Tourne, tourne ! Il y a une île juste devant ! »

Je lance violemment la barre roue. Le bateau change de cap. Maintenant, on distingue bien l'île par le travers. Elle est incroyablement haute. À peine deux kilomètres nous en séparent. Le capitaine arrive. Il nous dit qu'il avait demandé à être réveillé et que cela n'a pas été fait. Nous apprenons qu'il s'agit de Fogo, une île volcanique qui culmine à près de 3 000 mètres d'altitude. Un calcul simple me permet de déterminer qu'il nous restait moins de dix minutes avant de nous fracasser sur la côte. Les falaises tombent dans la mer à la verticale. Tout le monde dormait. Qui aurait survécu en pleine nuit ?

Nous ne sommes qu'au début de la traversée. Ce ne sera pas une croisière de tout repos. D'abord le bateau fait de l'eau. La pompe de cale est foutue. Il y a donc une corvée de seaux pour la vider. Mais les jeunes s'en fichent. L'eau monte un peu plus chaque jour. Heureusement, le capitaine a l'idée d'utiliser la pompe de refroidissement du moteur.

Notre bande de jeunes n'en rate pas une : ils sniffent la colle qui sert à réparer les voiles ou de l'essence, tout en fumant des pétards. Sur un bateau en bois, difficile de faire plus dangereux. Des disputes éclatent parfois. Les éducateurs essaient d'arranger les choses avec diplomatie.

Les jours passent. Plus de pétards, plus de colle et l'essence est sous clé. Après avoir fait le tour des conneries possibles, ils commencent à réfléchir différemment. Certains tiennent un journal de bord. Pour se divertir, ils ont même fabriqué un Monopoly en papier. Je trouve ça formidable. Les noms des rues sont fantaisistes mais il y a deux banques et deux prisons. Cette expérience de vie en commun commence à porter ses fruits. Les liens entre eux et nous s'approfondissent.

Du reste, cette méthode de réinsertion me paraît plutôt bonne. Sur les huit jeunes à bord, quatre finiront sur le bon quai, prêts à se construire un avenir sans coup de tabac. Cinquante pour cent de réussite, ce n'est pas mal du tout. Pour les autres, l'optimisme généré par ce voyage se diluera vite dans la réalité du plancher des vaches. Le pied tout juste posé sur Haïti, le noyau dur de notre jeune équipage attaque un magasin et se retrouve en taule ! Difficiles à guérir, les gaillards. Que sont-ils devenus aujourd'hui ?

J'aime bien ces expéditions « bordéliques ». Je me rends compte de la chance que j'ai eue d'avoir des parents qui l'étaient aussi. Ils ont toujours considéré qu'il était plus important de passer du temps avec leurs amis plutôt que de faire les tâches ménagères. D'ailleurs, j'aime bien dire que ma mère fait de l'art ménager. En clair, elle peint une passoire à côté d'une boîte de conserve, ou son lave-linge avec une carafe dessus. Une fois, elle a trouvé que la disposition de la vaisselle dans l'égouttoir était belle. On n'a pas eu le droit d'y toucher tant que le tableau n'était pas fini. Alors, on faisait sécher la vaisselle sur la table. Très tôt, j'ai pris l'habitude de ce genre d'environnement où les repères sont changeants. Cela m'a beaucoup aidé à faire des choses nécessitant concentration et méthode dans des conditions qui n'y étaient pas propices.

Les expéditions scientifiques

Je continue à courir la planète. Je fais désormais partie de ceux qui sont toujours en voyage et à qui on ne propose que du travail à l'autre bout de la terre. Je ne filme plus jamais en France. Ma vie sentimentale s'en ressent. De même, mes amis ne savent jamais si je suis dans le pays et m'appellent moins. Je ne suis jamais là, toujours de passage. Il est de plus en plus difficile pour moi de mener une existence normale. Et je ne sais même pas si j'en ai vraiment envie. À côté de ce tourbillon, le reste me semble bien fade.

Heureusement il y a les montages. Des périodes où je suis à Paris et pendant lesquelles je ne travaille que la journée. Le soir, j'ai un besoin furieux de rattraper le temps que j'ai passé en suspens à l'étranger. Je vois énormément de gens, trop, probablement. Je reçois plusieurs fois par semaine, je fais de grandes fêtes. Je veux garder le contact avec tout le monde. Et en même temps, je suis toujours la tête dans les nuages, je pense à mes prochains voyages. Bref, je suis difficile à supporter. Mais cette vie me passionne. Comment renoncer à ces moments exceptionnels ?

Progressivement, je me spécialise dans les films d'expéditions scientifiques. Elles sont plus étonnantes les unes que les autres. Le *Radeau des Cimes* fait partie de celles-là. C'est un engin extraordinaire. Imaginez des chercheurs qui se déplaceraient sur une immense plateforme souple posée sur les forêts tropicales. C'est fou ? Et pourtant c'est ça le *Radeau des Cimes*. J'ai rencontré l'équipe lors du tournage du *Peuple singe* avec Gérard Vienne. Sur la route du Brésil, il avait prévu de s'arrêter une quinzaine de jours pour filmer cette expédition hors norme.

Trois personnes sont à l'origine de ces missions étonnantes. Tout d'abord Gilles Ebersolt, l'inventeur du concept du *Radeau des Cimes*. Architecte, il développe des structures gonflables. Un jour, il assemble un radeau composé de filets tendus entre des boudins gonflés. Pour voir, il le fait déposer sur un arbre par un hélicoptère et monte dessus pique-niquer avec des copains ! Le concept est né.

Parallèlement, le botaniste Francis Hallé et le pilote de montgolfière Dany Cleyet-Marrel cherchent un moyen d'étudier le sommet des forêts tropicales. L'enjeu est d'importance puisque c'est là que se trouve l'essentiel de leur activité : la photosynthèse, les fleurs des arbres et une myriade d'insectes et de petits animaux. Ils prélèvent facilement des échantillons avec une montgolfière mais comment travailler là-haut ? Les dernières branches sont bien trop fragiles. Lorsque le trio se rencontre, ils comprennent qu'ils sont complémentaires. Les expéditions du *Radeau des Cimes* commencent.

En 1989, je débarque avec mon équipe en Guyane. Le *Radeau des Cimes* est devenu une immense plateforme hexagonale de six cents mètres carrés. Ce n'est plus un hélicoptère mais un dirigeable de cinquante mètres de long, qui la dépose délicatement sur les arbres de la forêt équatoriale avant de repartir. Le spectacle est fascinant.

Le radeau est si grand qu'il repose sur plusieurs arbres. Il s'enfonce d'un ou deux mètres avant de se stabiliser. Les chercheurs se hissent dessus avec des cordes et se retrouvent sur un trampoline géant à cinquante mètres du sol. Ils peuvent alors étudier confortablement la canopée et ses habitants.

Je participerai à quatre missions du *Radeau des Cimes*. Une ambiance extraordinaire parmi des passionnés ; des types capables de venir te réveiller en pleine nuit parce qu'ils ont trouvé une chenille plus grosse qu'un caméléon.

Pour moi ce sera à chaque fois des moments exceptionnels. Comme ce vol que j'ai fait à Madagascar pendant que le dirigeable déposait le radeau. Dany avait accroché un baudrier sur le côté du dirigeable. Je m'y suis installé avec ma caméra avant le décollage. Je me suis retrouvé pendu dans le vide à une dizaine de mètres de la nacelle. Sous moi, je voyais le radeau et Gilles alors que l'ensemble faisait route au-dessus de la forêt. Comment ne pas avoir conscience de vivre un grand moment sur cet engin unique au monde ?

La *Bulle des Cimes* est un autre grand souvenir. C'est un siège accroché sous un ballon d'hélium. Les chercheurs l'utilisent pour placer des pièges à insectes ou des instruments de mesure au-dessus de la forêt. Un jour j'ai la chance de l'essayer.

À peine installé, je ne pèse plus rien. Je me tire sur la corde qui disparaît au-dessus de la forêt. Je monte sans effort dans les frondaisons au milieu des épiphytes et des lianes à quarante mètres de haut. Je me stabilise, attrapant les plus hautes brindilles et je regarde le sol. Je prends le temps de regarder les chercheurs et le camp tout en bas. Je suis pris d'un délicieux vertige, comme dans un parc d'attractions, sauf qu'ici tout peut arriver. Puis je continue ma route. Je me promène en douceur, jonglant avec les mousquetons, changeant de direction au gré des cordes tendues au-dessus de la forêt.

Pour des instants comme celui-ci, j'accepte les conditions de tournage pénibles où il faut se lever tôt, supporter une humidité exceptionnelle, l'attaque des moustiques, l'omniprésence des mouches... et j'en oublie. Et puis il y a les fois où ça ne se passe pas comme prévu. C'est là qu'on tourne les meilleures séquences.

Un jour, je filme sur le radeau. L'imposant dirigeable s'est amarré pour déposer des chercheurs et un groupe électrogène. Allégé de sa charge, le dirigeable soulève le centre du radeau où il est amarré. Lorsque le dirigeable se détache, le centre retombe brutalement, alourdi par le groupe électrogène et s'enfonce de quelques mètres. Le radeau n'était pas bien à plat, un côté se relève presque à la verticale. Gilles crie de ne pas bouger. Trop tard, l'immense structure commence à se plier en deux. Nous descendons par à-coups dans les profondeurs de la forêt. Des chutes élastiques de 3 ou 4 mètres. C'est très impressionnant. Je filme tout ça en direct. Gilles crie dans la radio. Il ne me reste que cinq minutes de pellicule. Je sais que Thierry suspendu sous le dirigeable prend des vues générales. Je choisis mes plans.

Je n'ai pas trop peur. Je suis attaché et j'ai raccourci ma longe. Un truc aussi grand que le radeau ne peut pas tomber d'un seul coup. Au pire, on se fera un peu mal. Mais le radeau finit par se stabiliser. Une fois au camp, je suis incapable de me souvenir de ce que j'ai tourné. Ce n'est qu'en voyant les images en France que je verrai à quel point la séquence est exceptionnelle.

Ce documentaire sera mon premier film de cinquante-deux minutes. Il m'apportera un grand prix dans un festival. Au moment de monter sur scène, je perds tous mes moyens, je sais que je ne pourrai pas parler. Georges de Caunes, qui me remet le prix, a l'intelligence de ne pas me tendre le micro. Je ne sais pas quel aurait été le son de ma voix. Un couac ? Un miaulement ? Rien du tout ?

Toujours est-il que je vis ça comme un échec. En rentrant à Paris, je m'inscris immédiatement à un stage d'expression orale. J'aime apprendre et progresser. La prochaine fois je serai prêt. Surtout que je n'ai pas exclu un jour de passer de l'autre côté de la caméra.

Les voyages en Greyhound
(*Les coulisses de* J'irai dormir à Hollywood)

— TC : 24' 05"

Dans les années soixante, les voyages en Greyhound étaient mythiques, surtout pour les Français. J'ai vraiment déchanté. Les trajets sont longs et pas très amusants.

Aujourd'hui, la route est le transport des pauvres. Sur les longues distances, l'avion coûte à peine plus cher. Il faut vraiment avoir peu de sous pour préférer passer des heures dans un bus. Moi je l'ai pris pour pouvoir rencontrer les gens. Ce n'est pas facile parce que les passagers, en majorité des Noirs et des Hispaniques, restent dans leur coin et prennent leur mal en patience. En effet, pour qu'ils restent calmes, le chauffeur maintient la température très basse. Tout le monde est emmitouflé, attendant sagement la fin du voyage.

Dernier combat

Avec le *Radeau des Cimes*, j'espérais enchaîner rapidement sur d'autres films comme réalisateur. Malheureusement on ne me propose rien. Je me bats pour mes projets. Parmi eux, il y en a un qui me tient à cœur depuis longtemps : filmer le travail des photographes de guerre sur le terrain. Je les ai suffisamment vu travailler à Beyrouth pour savoir à quel point ça peut donner un bon documentaire. Mais malgré le dossier très complet que j'ai écrit, je n'arrive pas à trouver de diffuseur.

Mon ami producteur Jean-Pierre Bailly, de MC4, me propose le marché suivant : « On fait un premier tournage. Je te paie juste les frais du voyage. On verra si avec ça on peut trouver une chaîne ».

Et c'est comme ça que je me retrouve en plein hiver à Grozny, en Tchétchénie. Ce n'est pas mon premier pays en guerre, mais là, c'est très différent. Ici, je dois me débrouiller. Plus question de s'appuyer sur la puissance d'une grande chaîne pour avancer en terrain miné. En cas de blessure, en Irak ou à Beyrouth, la machine CBS se mettait en branle : hélicoptère pour te récupérer puis évacuation. À Grozny, je travaille sans filet.

J'accompagne Éric Bouvet, un photographe que j'ai rencontré il y a une dizaine d'années, pendant notre service militaire. Un copain de régiment, quoi ! Si l'un de nous à un problème, il ne pourra compter que sur l'autre. Point final. Et encore lui, il est souvent tout seul. Pour moi, c'est un pas de plus vers l'autonomie et le fait d'assumer mes choix. C'est aussi un moment très dangereux de ma vie. À cette période, on se bat peu en Tchétchénie mais le pays exsangue grouille de bandits.

C'est la cinquième fois qu'Éric vient à Grozny. Il n'y a plus d'hôtel et pour se loger, mais il connaît des gens qui nous passent leur chambre en échange d'un peu d'argent. Ils dorment dans le salon avec leurs enfants.

Dans la vilaine lumière grise et froide de l'hiver, je découvre le centre de Grozny. Il y a tout un réseau de rues et d'avenues, bordées par de grands trottoirs en mauvais état. Il reste encore quelques feux, quelques panneaux de stop. Mais ce qui est terrifiant, c'est que lorsqu'on se promène, on voit très bien les autres rues à trois ou quatre pâtés de maison. Pourquoi ? Tout simplement parce qu'entre les rues, il n'y a rien. Les immeubles étaient tellement détruits par les bombardements, qu'ils ont été rasés par les bulldozers. Des quartiers entiers sont rayés de la carte. Il faut dire qu'ici, on n'est plus dans la guérilla urbaine. Pour écraser le soulèvement tchétchène, les Russes ont lâché de leurs avions, d'énormes bombes sans distinguer militaires et civils. À Grozny, le terme de « frappes chirurgicales », ne parle à personne.

Au loin, j'aperçois l'ossature d'une tour d'une quinzaine d'étages. On distingue la cage d'escalier, les planchers mais les murs extérieurs n'existent plus, comme un immeuble en construction. Un peu plus loin, entre de petites maisons se trouve un marché au milieu de la neige fondue et de la glace. Il fait – 10 °C. Quasiment personne. Triste à pleurer. Les habitants n'ont pas l'embarras du choix. Il n'y a presque rien, quelques légumes rabougris, c'est tout.

Ici, c'est ambiance débrouille ; et violence. Une vieille dame nous raconte que des hommes sont entrés chez elle une nuit et lui ont arraché ses dents en or avec des pinces. Je dis souvent que le plus difficile dans les situations scabreuses, c'est de savoir à partir de quel moment ça risque de déraper. Et là nous allons passer dix jours à la limite du dérapage.

Lors d'un précédent séjour, Éric Bouvet est parti en mission avec une patrouille russe qui fait du renseignement. Une expérience qu'il n'est pas près d'oublier. Il m'explique qu'il s'agit de faire parler les gens qui pourraient savoir quelque chose. Je lui demande s'il s'agit de torture, il me dit que oui. J'essaie d'en savoir plus, et quand il me parle de la victime, il a cette expression terrible qui en dit long : « À la fin, ce n'est plus un homme ». Je préfère ne pas imaginer ce qu'il a vu.

Éric veut retrouver le type qui était son contact et repartir en mission avec lui. Accompagné pour l'occasion de Pierre, un journaliste du quotidien belge *Le Soir*, nous marchons en direction des camps militaires russes. Je peine parce que je porte ma grosse caméra Bétacam avec cassettes et batteries. À l'époque, il n'y a pas encore ces formidables petites caméras DV qui équipent les reporters indépendants aujourd'hui.

Au bout de quelques heures de recherche, nous retrouvons le contact d'Éric. Un petit gars nerveux qui ne paye pas de mine. Un chauffeur de taxi m'apprendra plus tard que c'est une ordure. Il me raconte qu'il l'a vu passer avec un char sur une voiture à bord de laquelle se trouvait toute une famille.

Je filme dans le camp sans me poser de questions. Le Russe est ravi de revoir Éric et nous aussi puisque nous sommes les amis d'Éric. Arrive un gradé. Rapidement, on sent que le ton change du tout au tout. Nous sommes dans une base militaire et la présence de la caméra pose problème. Notre interviewé se fait chasser d'un revers de la main. Nous, on nous prie de débarrasser le plancher. Pendant qu'on marche vers la sortie, j'ai la présence d'esprit de retirer la cassette qui contient ce que je viens de filmer et d'en mettre une quasi neuve. Nous arrivons à la route lorsque des militaires nous interceptent. Leur chef, bourré à la vodka, est extrêmement agressif. Éric, Pierre et moi faisons bloc face au danger. Pierre parle russe et tient tête au chef, ce qui le rend furieux. Il décide de l'embarquer, ainsi que ma caméra.

Éric et moi attendons là. Il gèle. Nous battons le pavé dehors. En nous rappelant mentalement que beaucoup de gens ont ainsi disparu, volatilisés à jamais. Nous sommes étrangers et journalistes, nous risquons moins, mais nous ne sommes à l'abri de rien. Trois heures plus tard, il fait nuit, notre ami est relâché. Mais ils ont gardé ma caméra.

Il ne nous reste plus qu'à repartir à pied vers Grozny, distante de quinze kilomètres. Nous marchons dans la nuit et le froid. Ça n'en finit plus. Nouveau point de contrôle russe. Là, les militaires nous disent de ne pas continuer dans l'obscurité. Le coin est truffé de bandits, c'est beaucoup trop dangereux. Ils nous offrent de passer la nuit dans leur abri enterré. Nous acceptons. Cela confirme ce que je pense depuis toujours. Il y a des gens sympas partout.

Mais cette étape manque de nous coûter la vie. Une veste posée près d'un poêle prend feu durant la nuit. En plein sommeil, des hurlements nous réveillent. Un militaire balance un coup d'extincteur sur la veste. C'était limite. La fumée âcre nous prenait déjà à la gorge. Nous repartirons au petit matin après un mauvais café et quelques bonnes poignées de main.

Et ma caméra dans tout cela ? Je la récupérerai trois jours plus tard. Les quelques images de nous que je m'étais empressé de tourner ont soigneusement été effacées. Je me suis félicité d'avoir changé de cassette. Qu'auraient-ils dit s'ils avaient vu des images prises à l'intérieur du camp militaire ? Je ne sais pas. Ils pouvaient aussi bien s'en foutre que nous accuser d'espionnage, ce qui aurait pu nous mener loin.

Les images pour lesquelles j'ai pris tant de risques ne suffiront pas à décider les diffuseurs. Je pense qu'ils ont eu tort. Mais ce séjour tchétchène m'ouvre aussi les yeux. Je ne suis plus prêt à risquer ma vie de cette manière. Pour une simple et belle raison : ma fille. Elle fête son premier anniversaire. Et j'ai bien l'intention de la voir grandir. Je choisirai désormais des tournages moins dangereux.

Auto-stop
(*Les coulisses de* J'irai dormir à Hollywood)

— TC : 24' 55"

Je suis très fier d'avoir réussi à filmer cette séquence. En effet, tourner un long-métrage de cinéma seul, en étant à la fois devant et derrière la caméra n'est pas courant. Mais là, grâce au Caddie sur lequel j'ai fixé mon sac à dos, je vais plus loin. Non seulement je suis seul à faire le film, mais je suis opérationnel alors que je me déplace avec toutes mes affaires. Je suis réellement en train de faire du stop. Cela donne de l'authenticité à cette rencontre.

Pour la petite histoire, la veille, je me suis retrouvé à la nuit tombée dans Saint-Martinville. Je ne trouvais pas d'hôtel et je déambulais dans les rues sans trop savoir que faire. Je disais d'ailleurs à ma caméra que ma technique consistait à me mettre dans des situations délicates et à voir comment je m'en sortais. Et là, j'étais bien coincé : il n'y a même pas de taxi à Saint-Martinville. Personne ne voulait m'accueillir. En désespoir de cause, je suis allé au poste de police. Un flic m'a fait monter dans sa voiture et m'a aimablement déposé dans un hôtel à une dizaine de kilomètres de la ville. C'est en revenant en stop, le lendemain, que j'ai rencontré Marion et Andy et leur amie Dena qui avait perdu ses jumeaux.

Fourmis et montgolfière

Un jour, Jean-Yves Collet m'appelle. Je l'ai rencontré sur le tournage du *Peuple singe*. Avec sa formation de vétérinaire, il était le conseiller scientifique. Depuis, il est devenu réalisateur animalier. Il me propose de l'accompagner en Afrique comme cameraman pour un documentaire sur les arbres et les fourmis. Je n'ai jamais filmé les insectes, mais, je le sais bien désormais, tout s'apprend. Le producteur, Jean-Louis Burgat, a la bonne idée de financer quelques essais.

Quelques semaines plus tard, nous partons pour le Cameroun. Le tournage sera vraiment intéressant. De nouveau, c'est une porte qui s'ouvre. Cette fois-ci, elle débouche sur le minuscule. Regarder vivre les insectes en gros plan est fascinant. Je passe des heures l'œil rivé à la caméra. Alain Dejean, le scientifique, sait exactement où et quand il faut filmer leurs comportements.

En plus du matériel de prise de vues macroclassique, nous avons un endoscope. C'est un tube d'une trentaine de centimètres de long qui se fixe sur la caméra. À l'autre extrémité se trouve un objectif de quelques millimètres de diamètre.

Grâce à ce système de prise de vue, nous allons pouvoir explorer une fourmilière arboricole. Elle ressemble à un nid d'oiseau mais dès que l'objectif pénètre à l'intérieur, nos yeux ébahis découvrent des embranchements et de nombreuses galeries.

La technique nous offre une magnifique expédition au pays des insectes. Les fourmis, plutôt mécontentes, circulent en tous sens. Des chiffons imbibés de produit répulsif les empêchent de remonter le long du tube vers la caméra.

Jean-Yves veut tourner ici le plan de fin de son film. Sur un écran vidéo, toute l'équipe suit la progression de l'objectif. Parfois, une fourmi s'arrête devant et bouche la vue. Nous devons alors ressortir l'endoscope et recommencer. Mais il faut retrouver le chemin pour retourner au même endroit. Regarder l'endoscope et le nid ne sert à rien. Nous ne voyons qu'un tube qui entre dans le nid. Il faut se souvenir du trajet vu sur l'écran. Pendant que je filme, je dois prendre une décision à chaque embranchement. Tout le monde donne des indications. L'ambiance est électrique et c'est passionnant.

Quelques jours plus tard, nous changeons d'échelle de valeurs. Dany Cleyet-Marrel, le pilote du *Radeau des Cimes*, nous rejoint avec une montgolfière. Jean-Yves souhaite montrer la forêt d'une manière originale, grâce à de longs travellings, délicatement poussés par le vent au-dessus de la forêt. Pour ce faire, je me suis installé à l'extérieur du panier, sanglé dans mon baudrier. La caméra est installée sur une fixation métallique et je filme aussi confortablement qu'avec un trépied. Les images sont d'une fluidité parfaite. La caméra passe parfois entre les brindilles à la cime des arbres sans faire bouger une feuille. Des plans impossibles à réaliser en hélicoptère.

Nous décidons, chacun apportant ses compétences, de développer le concept. Un an plus tard, la Cinébulle est née. C'est une montgolfière dont le panier a été remplacé par une banquette à deux places. Le cameraman est à gauche, le pilote à droite. Tous deux ont les jambes dans le vide. La caméra peut être fixée sous le siège devenant le point le plus bas de l'ensemble. Cela permet des images étonnantes. Par exemple, glisser à quelques centimètres au-dessus d'un lac sans provoquer une ride puis de monter à plusieurs dizaines de mètres. Ce nouvel outil de prise de vues sera employé dans plusieurs longs-métrages, dont *Le Huitième Jour* et *Le Peuple migrateur*.

Les premiers essais de la Cinébulle auront lieu dans des conditions difficiles : à 3 500 mètres sur les hauts plateaux d'Éthiopie ! Nous coréalisons, Jean-Yves et moi, un documentaire sur les babouins géladas. Lorsque Dany nous rejoint, la Cinébulle est toute neuve. Il n'a eu le temps de faire qu'un seul vol.

Comme elle est aisément transportable, nous arrivons à décoller d'un endroit escarpé. Après une heure de tournage sans histoire, nous cherchons à nous poser. Nous comptions sur le vent pour nous ramener sur le plateau, mais il est tombé. Il y a de la forêt partout. Dany monte et descend pour tenter d'accrocher un souffle d'air qui nous sortirait de là. Rien. Au bout d'une heure, à court de gaz, c'est l'atterrissage de fortune. Un moment peu chaud dans tous les sens du terme puisqu'en nous vautrant dans les branches, nous mettons le feu à un arbuste. Un incendie qui sera heureusement vite éteint.

Le lendemain, je passerai tout près de la catastrophe. Pour regarder dans la caméra qui se trouve sous la banquette, je suis à genoux la tête en bas, le cul en l'air. Une position très instable. Pendant tout le vol, je me dis qu'il ne m'en faudrait pas beaucoup pour basculer dans le vide. À cette altitude, la chute serait mortelle. Mais je ne suis pas inquiet, j'ai mon baudrier. Après l'atterrissage, au moment de me lever et je constate que j'ai oublié de m'attacher. Je me rends compte que j'ai failli mourir. J'éclate de rire. C'est nerveux : il est trop tard pour avoir peur.

La Cinébulle au Groenland

Mon deuxième gros tournage avec la Cinébulle sera tout aussi passionnant. Après plusieurs années d'efforts, j'ai obtenu de couvrir une expédition hors du commun. Janot Lamberton est spéléologue. Il est passionné par les moulins, de gigantesques cavités creusées dans la calotte glaciaire par la fonte des glaces. Mais les expéditions sportives n'intéressent plus les chaînes. Depuis quelques années, un mariage de raison a lieu entre les sportifs et les scientifiques. Les premiers trouvent des financements pour les films et les seconds en profitent pour travailler gratuitement à l'autre bout du monde.

Nous sommes en juin 1994, dans la baie d'Ilulisat au Groenland. Le soleil ne se couche plus. L'environnement est extraordinaire. Les icebergs brillent sur la mer immobile dans une lumière grise et glaciale. Le bout du monde ! Je veux commencer le film par de longs travellings au ras de l'eau et des icebergs. Nous avons des Zodiac avec lesquels nous déposons la Cinébulle sur un iceberg. Il est immense : plusieurs centaines de mètres de côté.

Dany commence à gonfler l'enveloppe du ballon. Par moments, des craquements semblent traverser l'iceberg, juste sous nos pieds. C'est effrayant. Il faut aller vite. Les icebergs ont la fâcheuse habitude de se casser et de se retourner. Après une heure de préparatifs, Dany et moi décollons. Le vent nous pousse lentement entre les icebergs, au ras de la mer et de centaines de petits blocs de glace qui dérivent. Nous glissons en douceur, comme une bulle de savon. La sensation est formidable. Je vis ! Je vis à fond ! Et les images sont exceptionnelles. Mais on ne sait pas où le vent va nous emmener. Trois Zodiac sont chargés de nous récupérer si nous partons vers le large. Le risque est grand. Dans une eau à 2 °C, on ne survit pas plus de quelques minutes.

Soudain, je m'aperçois que la buée envahit l'objectif. Il faut se poser pour le démonter. Dany réussit à nous amener sur un iceberg. Celui-ci n'est pas très grand, mais il est haut. Dès que nous sommes au-dessus, il dégonfle la montgolfière pour se poser, mais le vent est fort. Il nous traîne sur la glace. J'essaie de planter mon piolet pour nous arrêter, mais il n'accroche pas. L'autre extrémité de l'iceberg se rapproche rapidement avec un plongeon dans l'eau glacée à la clé. Le piolet croche à la troisième tentative. Mais ce n'est plus utile : l'enveloppe s'est dégonflée.

Sans ventilateur pour regonfler l'enveloppe, impossible de repartir. Il nous faut démonter la Cinébulle pour la descendre avec des cordes dans le Zodiac dix mètres plus bas. Nous ne sommes pas au bout de nos surprises. Lorsque nous ramenons la montgolfière sur la côte, un puissant sifflement se fait entendre. La nacelle métallique vient de déchirer l'enveloppe du Zodiac. En quelques secondes, tout l'avant est à plat. Nous allons nous retrouver à l'eau et perdre la Cinébulle. Je hurle pour alerter les autres bateaux. Mais contrairement à ce que je croyais, le plancher en bois résiste et empêche le Zodiac de se disloquer. Nous rejoignons le bord. Une fois de plus, nous avons eu chaud. Un comble au Groenland !

Cette expédition fait partie des plus formidables que j'ai filmées. Et ces images en montgolfière ne sont que le début. Quelques jours plus tard, d'énormes hélicoptères nous déposent sur la calotte glaciaire. Le pilote n'arrête pas le rotor pour ne pas trop peser sur la glace. La région est truffée de crevasses. Nous sortons à toute vitesse des dizaines de cantines bourrées de matériel. Puis les hélicos repartent vers la civilisation. Le silence retombe. Nous nous retrouvons perdus au milieu de nulle part face à une trentaine de cantines. C'est un peu démoralisant, mais ce n'est pas le moment d'avoir des états d'âme. Il nous reste quatre heures de jour pour monter le camp. L'aventure a commencé. Je constate que l'eau est omniprésente ici, sous toutes ses formes. En effet, nous montons nos tentes sur une épaisse couche de glace. Près de nous, de l'eau coule dans une bédière[1]. Quant à l'atmosphère, elle est composée d'air et de vapeur d'eau. Je m'amuse à penser que si on supprimait toute l'eau qui nous entoure, tout ce qui est devant mes yeux disparaîtrait. Nous retrouverions en l'air, à plusieurs centaines de mètres du sol.

Cette expédition hors du commun est dangereuse. Les environs sont truffés de profondes crevasses. Certaines sont invisibles, recouvertes de neige. Il nous faudra être très prudents lorsque nous quitterons les chemins balisés.

Quatre chercheurs participent à l'expédition. Parmi eux, Sandra McInnes étudie les tardigrades. Ces animaux possèdent une particularité extraordinaire. Bien qu'ils ne vivent que quelques mois, ils peuvent rester congelés pendant une dizaine d'années. Il suffit de les remettre dans l'eau pour les voir reprendre vie.

Je savais qu'il serait difficile de les filmer en France parce qu'ils ne résistent pas aux microbes. J'ai décidé de faire les images au Groenland. Mais les tardigrades ne mesurent qu'un tiers de millimètre de long et sont transparents. J'ai sollicité Nikon pour qu'ils me prêtent un microscope de dernière génération. Une tente est transformée en laboratoire et studio de prise de

1. Une rivière provoquée par la fonte du glacier.

vues. Nous sommes tous réunis pour voir nos premiers tardigrades. Sandra prépare une lame avec une goutte d'eau prélevée dans une flaque de glace fondue. Sur la lame, on ne voit rien. On ne sait même pas si les tardigrades sont là. Grâce à la lumière polarisée, nous découvrons éberlués, un petit nounours à huit pattes qui se tortille sur l'image du moniteur. Il est fascinant. On voit ses griffes, ses yeux et son système nerveux rudimentaire en transparence. C'est stupide à dire, mais ce petit bout de vie translucide qui se tortille est mignon. Je me surprends à avoir de la tendresse pour ce recordman de la survie.

La partie exploration de l'expédition est du même niveau. Le camp est tout près d'une bédière qui disparaît en tourbillonnant dans le moulin. Je suis fasciné par ce trou mystérieux. Dans quelques jours, lorsqu'il gèlera et que l'eau ne coulera plus, nous descendrons l'explorer. Sur le bord, je ne peux m'empêcher de penser qu'il suffirait d'un petit bond en avant pour être emporté par le courant et disparaître dans les profondeurs. Tout serait fini en moins d'une seconde. Une impulsion et je suis mort. Et c'est moi qui décide. L'idée me fait peur, et je préfère m'éloigner.

Trois semaines ont passé. L'eau ne coule plus et nous allons enfin descendre dans un moulin. Je me débrouille à peu près avec le matériel spéléo, descendeurs et poignées autobloquantes Jumar, mais je suis loin d'être un spécialiste. Janot et les autres ont installé les cordes et sont déjà descendus. C'est à mon tour d'y aller. Par mesure de sécurité, nous descendons un par un. Avant de reculer dans le vide, je vérifie plusieurs fois que j'ai mis mon descendeur dans le bon sens. Malgré le dessin gravé dessus, je suis encore capable de me tromper. Et cette erreur serait fatale. C'est au moment où je bascule au-dessus du vide que j'ai le plus peur. Il est difficile de confier sa vie à une corde. Enfin, la descente commence.

Je découvre alors l'immense cathédrale bleue dont le fond est presque noir. C'est fabuleux. Cent mètres de profondeur, une dizaine de large. De grandes lames de glace acérées, de toute beauté, pointent vers le haut. On voit clairement l'alternance des strates blanches et bleues. Blanche, c'est de la neige compactée qui est devenue de la glace, bleu, c'est de la glace qui a fondu et a gelé pendant l'été. En résumé, une ligne blanche et une ligne bleue correspondent à une année.

Normalement, il est facile de gérer la descente, mais la corde est glacée. Par moments, je descends brutalement de un ou deux mètres. J'imagine que je vais descendre d'un seul coup jusqu'en bas, que la corde va casser. Je ne peux m'empêcher de penser que ma vie pourrait s'arrêter là, dans un grand cri. Mais les autres sont passés. Je vais y arriver aussi. Il faut juste rester calme. La corde est fractionnée en plusieurs tronçons. Pour passer de l'un à l'autre, il faut s'assurer, retirer le descendeur et le placer sur la corde après les pitons fichés dans la paroi. J'agis lentement pour ne pas me laisser prendre par la peur. Je me force à être méthodique. Tout en bas, j'aperçois les lampes frontales de ceux qui sont au fond. Je touche la glace, mon gant glisse. Aucune aspérité. C'est de la glace vive. Comme du glaçon. Je suis vraiment à un endroit qui n'est pas fait pour l'être humain. Et je savoure ce moment extraordinaire. Comme les fourmis, l'homme continue à explorer sa planète, toujours plus loin grâce aux progrès de la technique.

L'arrivée en bas, au milieu des copains, me détend. Nous filmons les quelques ramifications du moulin et les chercheurs qui prélèvent des glaces vieilles de plusieurs milliers d'années. La remontée prendra une heure. Soixante minutes d'exercice physique soutenu. À l'arrivée, je suis trempé jusqu'aux os. Nous resterons cinq semaines sous tente sur la calotte glaciaire, perdus au milieu d'une plaine blanche. Une parenthèse exceptionnelle, hors du monde civilisé.

Cette expédition annonce également un tournant important dans ma carrière. Depuis un moment, je pense à passer devant la caméra. Comment y arriver ? Une fois de plus, personne ne me fait confiance. Mais j'ai bien réussi à devenir réalisateur, pourquoi pas présentateur ? Je profite de ce tournage pour me faire filmer en situation. Je fais une dizaine d'interventions à la caméra dans l'espoir que France 3 acceptera de les garder. Raté. Ça n'intéressera personne. Mais je n'ai pas perdu mon temps. Je m'entraîne et je commence à avoir de quoi me faire une petite bande de présentation.

La banlieue de la Nouvelle-Orléans
(*Les coulisses de* J'irai dormir à Hollywood)

— TC : 36' 20"

En arrivant à la Nouvelle-Orléans, j'ai croisé des gens de l'ambassade de France. Ils m'ont mis en garde, m'expliquant que la ville était devenue la plus dangereuse des États-Unis. Effectivement, le seul endroit vraiment sûr est le centre-ville, qu'on appelle le quartier français. Plus on s'éloigne, plus la situation devient incertaine, et les quartiers noirs sont les plus difficiles. Surtout si on se promène seul avec du matériel de valeur.

Le moment le plus dangereux n'est pas dans le film. Je n'ai pas pu le mettre parce ce que je n'ai pratiquement pas d'images. Je suis passé devant une bande de jeunes et j'ai immédiatement compris à leurs regards que j'étais sur leur territoire. Mes petites caméras tournaient mais je sentais la situation tellement limite que je n'ai pas osé dire quoi que ce soit. Il ne fallait pas qu'ils comprennent que j'étais en train de filmer, ça risquait de déraper. Je savais qu'ils étaient trop loin pour être correctement visibles dans l'image, mais il était hors de question que je pointe ma caméra de poing dans leur direction.

Il ne se serait peut-être rien passé, on aurait peut-être même pu devenir copains. Je ne sais pas. Mais les relations humaines ne sont pas une science exacte et le niveau de risque était excessif. Je n'ai pas voulu le prendre. Je suis reparti comme si je m'étais simplement trompé de chemin. Comme souvent, je pense avoir bénéficié de l'effet de surprise. Ils ont dû se demander qui était ce gus harnaché de la sorte.

Cousteau et Nicolas Hulot

Je le reconnais, j'ai de l'ambition. J'aurais bien aimé faire comme Cousteau ou Nicolas Hulot. Mais les places étaient déjà prises et honnêtement, je ne pense pas que je ferais mieux. Un jour, j'apprends que Canal Plus est en train d'armer un bateau de soixante mètres de long, l'*Ocean Voyager* pour produire des émissions de télévision. Il porte un hélicoptère et deux sous-marins capables de plonger à 1 000 mètres de profondeur. Encore mieux que Cousteau !

Je fais des pieds et des mains pour me mettre sur le coup. Impossible. On ne me répond même pas. Et quand j'arrive à avoir quelqu'un au téléphone, on m'éconduit gentiment. Je me concentre sur d'autres projets, mais je continue à suivre cette histoire de loin en loin. Les années passent et on n'entend plus parler du bateau.

Un matin, le téléphone sonne. Une voix me demande si je peux partir le lendemain en Guadeloupe. J'apprends que l'*Ocean Voyager* se trouve à Pointe-à-Pitre. Il y a eu un accident d'hélicoptère et le réalisateur a été gravement blessé. Après concertation avec la famille du réalisateur et l'équipe technique, la production a décidé de continuer le tournage. C'est pour cette raison qu'on m'appelle.

J'hésite. Ça fait des années que je rêve de faire un film avec ce bateau. Mais je veux que les choses soient claires. Je demande le nom du réalisateur, il s'appelle

Frédéric Labourasse. Je ne l'ai jamais rencontré, mais j'ai travaillé avec son père quelques années auparavant. Je l'appelle, je ne partirai qu'avec son accord. Encore sous le choc, il me dit « autant que ce soit toi ».

Je n'ai que quelques heures pour me préparer. Je passe rapidement à la société de production. Une assistante particulièrement affectée me confie que tout ce qui touche à ce bateau est maudit. Je n'y crois pas une seconde. Mais il faut reconnaître aujourd'hui que cette histoire est un fiasco.

Lancé quelques années auparavant, l'*Ocean Voyager* devait fournir des documentaires spectaculaires, des émissions en direct, accueillir des vedettes. Le navire tout entier était un studio de télévision ultramoderne. Mais après plusieurs années de problèmes techniques et financiers, de querelles de personnes et des sommes folles englouties, l'*Ocean Voyager* n'a toujours pas produit une seule image. Les sous-marins ont été débarqués, le matériel vidéo a été utilisé ailleurs. Quant au navire, il a été loué pour la recherche pétrolière.

Au moment de tout vendre, le projet de faire un film refait surface. Un premier réalisateur est contacté. Mais il pense que rien ne sera prêt à temps, il finit par jeter l'éponge. Trois semaines avant le début du tournage, Frédéric Labourasse accepte de relever le défi, même s'il n'a plus le temps d'écrire un scénario.

Après quelques jours de tournage, c'est l'accident stupide. Le pilote oublie de retirer les sangles qui attachent les patins de l'hélico au bateau. Au moment du décollage, les sangles cassent, déséquilibrant l'appareil. Le pilote est trop bas pour redresser. L'hélicoptère tombe d'une dizaine de mètres dans la mer. Personne n'est blessé, sauf Frédéric qui prend un coup violent, peut-être à cause de la caméra qu'il avait sur l'épaule.

Lorsque j'arrive sur l'*Ocean Voyager* le lendemain, j'apprends que Frédéric Labourasse est décédé. À bord, l'équipe est sous le choc. Personne ne semble vouloir en parler et je ne me vois pas aborder le sujet. Je suis désemparé et je regrette d'avoir accepté la mission. Puis on me demande où on va. Je me retrouve brutalement à la tête de cet énorme navire, deux fois plus long que la *Calypso*, huit fois plus volumineux. Je ne sais pas quel film faire et le temps est compté. Dans dix-sept jours, le bateau retournera à la recherche pétrolière. Je décide de ne rien changer au programme. Nous levons l'ancre vers l'île de Montserrat qui a été dévastée par une terrible éruption quelques mois auparavant. La capitale a été rasée. C'est très impressionnant.

Je commence à discuter avec les volcanologues. Principalement avec Jean-Louis Cheminée et Georges Boudon. Et je comprends à quel point la situation est critique. Ils attendent que je leur dise ce qu'on va faire alors que moi je croyais couvrir une mission scientifique. Ils sont là pour un tournage de film et n'ont ni programme ni matériel. Frédéric avait sûrement son idée, mais il n'a pas laissé de scénario. Je me demande bien comment je vais m'en sortir.

Les plongées commencent. Je découvre les deux sous-marins. Ils sont complètement vitrés et sont superbes. Le fait d'en avoir deux permet de filmer leurs évolutions au fond de la mer. Les images sont magiques. Grâce aux chercheurs, nous commençons à construire une histoire qui tient la route. Mais comme ils n'ont pas d'équipement, il m'est difficile de les montrer au travail. Nous passons à l'observatoire de Martinique où nous récupérons un peu de matériel, dont un sismomètre.

L'*Ocean Voyager* fait route vers le Kick'em Jenny, un volcan sous-marin situé près de l'île de Grenade. Les submersibles vont plonger dans le cratère, et il serait intéressant de prélever des sédiments et des gaz.

Mais il n'y a aucun équipement à bord pour ça. Reste le système D. J'inventerai une histoire de caisse perdue pour expliquer que les prélèvements effectués au fond de la mer soient faits avec une louche et une poubelle.

Pendant mon expédition avec l'Ifremer sur les nodules, j'ai vu comment on identifiait l'origine des pierres. Il faut faire des lames minces, des morceaux de roche si fins que la lumière passe à travers. En les observant au microscope, on peut déterminer d'où elles viennent. Mais nous n'avons pas le matériel nécessaire à bord. Je tournerai une séquence complémentaire à la faculté de Jussieu où les chercheurs joueront le jeu, en bermudas. Au final, on croit vraiment être sur le bateau et le film tient la route.

Dans l'avion du retour, je réfléchis à ce que je pourrai faire avec l'*Ocean Voyager* si on me laisse continuer. Je cherche d'autres sujets de films. Mais que ce soit à Honolulu, à Brest ou en mer de Chine, l'essentiel de ce qu'on peut filmer sous la mer se trouve à des profondeurs inférieures à cent mètres. Pourquoi s'embêter avec toute cette logistique ? Les images sont spectaculaires bien sûr, mais elles se répéteront vite. Et le coût financier est un vrai handicap.

C'est à ce moment que je comprends qu'il vaut mieux ne rien posséder pour partir autour du monde. Le matériel qui apparaît au départ comme un support de rêve est en fait une énorme contrainte. J'ai déjà en tête de faire une série d'aventure et de voyage. Maintenant je sais que je partirai sans rien. Ni avion, ni bateau ni sous-marin, mais à pied, tout bêtement. Encore faudrait-il arriver à monter ce projet.

Passer devant la caméra

Quelques années auparavant, j'ai entraîné trois copains, Jean-Yves Collet, Thierry Machado et Christophe Lacombe, dans un projet de magazine d'aventure. Nous l'avons appelé « En attendant la mousson ». Le concept est très original. Les quatre présentateurs sont en studio, mais le décor représente une île au milieu de la mer. À la fin de l'émission, il pleut sur le plateau et nous sommes tous trempés. Le moins qu'on puisse dire, c'est que ce n'est pas courant. Nous tournons un pilote pour France 2, mais finalement le projet n'aboutit pas. Je ne sais pas précisément pourquoi. Peut-être à cause de la guerre du Golfe qui vient de commencer. Tout le monde est inquiet, plus personne ne prend de décision.

Deux ans plus tard, le patron d'une société de production me parle d'un projet de série scientifique qu'il envisage de produire. Il me propose de m'en charger et de la présenter. Je suis emballé et je travaille sans compter. Mais à mesure que les choses avancent, je m'aperçois que le contenu scientifique n'est pas sa priorité. Il veut surtout produire des heures de programme. Ce qu'on met dedans n'a guère d'importance. Et il me demande de faire de plus en plus de choses. Je dois désormais m'occuper de la prise de son en plus de la réalisation. Quant au poste de présentateur, il a pratiquement disparu. Ça suffit ! On s'engueule et voilà encore un rêve qui s'envole.

En 1998, c'est la société Gédéon qui lance une série pour France 2 : *Les Nouveaux Mondes*. J'entends qu'on cherche un présentateur. Je lève le doigt, je fais de grands gestes et je crie : « Moi, moi ! » En vain. La chaîne choisit Olivier Minne. C'est un professionnel, il est connu et il a de l'expérience. C'est normal, je ne fais pas le poids.

Quelques mois plus tard, Jean-Louis Burgat, qui a produit le film sur les fourmis, me contacte. Il va adapter, également pour France 2, une émission animalière anglaise : *Animal Zone*. Le concept est assez novateur, plutôt déjanté et cartonne outre-Manche. Il lui faut un présentateur « made in France ». Il avait eu vent de mes divers essais devant la caméra. Je ne suis pas le seul en lice, mais finalement c'est moi qui suis choisi. Nous partons faire des essais.

Cette chance, ça fait des années que je l'attends. Je ne dois ne pas me planter. Quelle est la meilleure attitude à avoir ? Pour être crédible, il faut que je sois sérieux, que je parle bien, que je regarde bien la caméra. Je visionne des émissions de télévision. Pas de doutes, les présentateurs assurent. Prestance, efficacité, aisance. Je ne sais pas faire ça. Dans la peau de qui dois-je me mettre ? Après réflexion, je décide de rester naturel, de faire comme je le sens. La raison essentielle est une fois de plus que je ne veux pas avoir de regrets. Si ça ne marche pas et que j'ai fait comme je le sentais, j'en aurai moins. À la fin de la journée de tournage, Jean-Louis semble content.

Quelques jours plus tard, nous partons tourner la première émission. Je suis un peu tendu. Cette fois-ci, ça va passer à la télé. Tout le monde va me voir. Si je suis ridicule, ça va faire mal. Heureusement, je viens de derrière la caméra, et je suis très à l'aise avec l'équipe de prise de vues. Et c'est elle mon premier public. En fait, c'est aux techniciens que je parle, avec le même ton que si je parlais à mes amis. D'ailleurs, le conseiller scientifique n'est autre que Luc Jacquet.

À l'époque, il est totalement inconnu. Nous nous retrouverons quelques années plus tard, travaillant tous les deux pour Bonne Pioche Production. Moi pour *J'irai dormir chez vous* et lui pour *La Marche de l'empereur* qui obtiendra un Oscar à Hollywood.

Animal Zone dure trois mois, mais les audiences ne décollent pas. C'est un programme trop « british » pour les téléspectateurs français. La chaîne et le producteur réfléchissent à son évolution future. Personne ne sait si elle va continuer. Je ne sais que faire. Je suis déçu, mais je me résigne à continuer à travailler comme réalisateur.

Un jour, le téléphone sonne. On me demande : « Antoine de Maximy ? »

Comme souvent, je réponds : « Bonne pioche ! »

Silence à l'autre bout du fil. La voix hésite : « Vous saviez qu'on allait appeler ? »

Là c'est moi qui ne sais pas quoi dire. Quelques instants plus tard, je comprends que Bonne Pioche est le nom de la société de production qui m'appelle. Ils me proposent de filmer une expédition au Venezuela. Ça tombe à pic, je saute dessus. J'arrive ainsi à Bonne Pioche, dans un appartement du 11e. Ils sont trois à l'origine de la boîte : Yves Darondeau, Christophe Lioud et Emmanuel Priou. C'est ce dernier que je rencontre ce jour-là. Le courant passe tout de suite. C'est le début d'une longue collaboration.

Un nez sur la montagne

Emmanuel m'explique le programme. Je choisis toujours avec soin les expéditions que je filme. Tout est histoire d'intuition, de nez. Ce coup-ci, encore plus que d'habitude puisque je vais partir avec des créateurs de parfums : des « nez ». L'expédition a été montée par Jean-Philippe Beau-Douëzy. Il emmène des chercheurs et des parfumeurs à la recherche d'odeur dans un endroit peu connu de la planète : les tépuis du Venezuela.

Il y a des millions d'années, des hauts plateaux couvraient toute la région. Ils se sont désagrégés mais il en reste quelques parties qu'on appelle les tépuis. C'est très étonnant visuellement. Imaginez des falaises hautes de plusieurs centaines de mètres émergeant de la forêt équatoriale. Au sommet, de grandes plaines difficilement accessibles. Les deux milieux sont très différents. Chaud et humide en bas, alors qu'en haut, on découvre un environnement minéral, peu de végétation et un soleil de plomb.

Nous partons pour le Venezuela. Fin novembre 1998, un vieux DC3 nous dépose dans une prairie, au pied de l'Auyan tépui. C'est ici que se trouve le Salto Angel, la chute d'eau la plus haute du monde. Mille mètres de verticale !

Nous allons marcher trois jours pour atteindre le sommet. Jean-Philippe connaît le seul passage qui permet d'y accéder. Une fois là-haut, des paysages étonnants nous attendent. La roche est à nu presque partout. Il n'y a pas d'arbre et la végétation ne s'est installée que dans les anfractuosités. Quelques oiseaux et des insectes. La vie qui s'est développée ici n'a rien à voir avec celle qui se trouve mille mètres plus bas. Les plantes me fascinent. Je ne suis pas botaniste, mais je remarque tout de suite que l'architecture de certaines d'entre elles est très différente de ce que j'ai l'habitude de voir. Et il y a les plantes carnivores. Bien sûr, elles n'ont pas de dents, mais se referment et digèrent les insectes qui ont eu la mauvaise fortune de s'engluer dans leurs sécrétions.

L'endroit est extrêmement fragile. L'érosion a sculpté des tablettes et de petits surplombs dans la roche. C'est magnifique. Mais il suffit d'être distrait un instant pour les casser d'un coup de pied malheureux. Quant aux plantes, elles sont, elles aussi, très vulnérables. Il y a peu de terre sur le tépui, et la plupart d'entre elles poussent sur de la tourbe. Après quelques allers-retours, la tourbe se transforme en une vilaine bouillasse. Nous balisons des chemins et nous évitons absolument d'en sortir. Nous faisons le maximum pour limiter l'impact de notre présence. Malgré tous nos efforts, nous abîmons cet endroit exceptionnel. Je me rends compte à quel point l'homme, par sa seule présence, altère les lieux où il passe. Ce que je vois ici perdure uniquement parce que personne n'y vient jamais. Un jour ou l'autre, les voyageurs viendront explorer l'endroit et il ne résistera pas longtemps.

Nous filmons Honorine, la créatrice de parfum, dans ses investigations. Elle s'approche délicatement de toutes les plantes et les sent longuement. C'est très inhabituel et je regarde ça avec amusement. Avec mon odorat « standard », je suis bien incapable d'apprécier son travail. Mais savoir qu'elle sent des choses qui m'échappent, m'inquiète un peu. En général, pendant les expéditions, je ne me lave pas toujours aussi régulièrement qu'à la maison. Et là, j'avoue que je fais un petit effort.

Ces histoires d'odeurs ne s'arrêteront pas là. Emmanuel et moi, nous avons tout de suite envie de diffuser ce film en odorama. Grâce à un partenariat avec VSD et Yves Rocher qui a produit l'expédition, les téléspectateurs pourront se procurer des plaquettes avec les odeurs du film. Un petit symbole pendant la diffusion leur indiquera à quel moment soulever les pastilles odorantes. Malheureusement, la veille de la diffusion, Yves Rocher annonce la création de son parfum Neblina. C'est le même nom que le film qui risque d'être considéré comme une publicité clandestine. France 2 change sa programmation et sans la moindre explication, diffuse un film sur les ours polaires. Le film en odorama avait intéressé nombre de journalistes et nous avons eu pas mal d'articles. Il y en aura beaucoup plus à la suite de ce changement de programmation.

Ce n'est pas moi qui ai terminé le film. Je l'ai confié à mon ami Henri Herré. En effet, la série animalière que je présentais a repris pour une dizaine d'émissions sous une autre forme.

Le corbillard
(*Les coulisses de* J'irai dormir à Hollywood)

— TC : 49' 00"

J'ai eu du mal à trouver une voiture qui me plaise. Aux États-Unis, il y a des véhicules d'occasion pas chers, mais sans charme. J'en voulais une vieille décapotable qui ait de la gueule, qui fleure bon l'Amérique.

J'ai fini par louer une voiture pour parcourir les casses. J'ai rencontré Darryl à Hallettsville au Texas. Il m'a proposé plusieurs voitures, dont ce corbillard Cadillac. Il m'a plu tout de suite, mais c'était vraiment une épave.

Comme on le voit dans le film, les freins lâchent lors du premier essai. Après réparation, je fais un tour dans les chemins des environs. J'ai l'habitude de conduire des voitures pourries. Je sais que si je prends ce corbillard, je risque fort de ne pas finir le voyage. Évidemment, ce sera bien pour le film, mais je trouve que j'ai assez de problèmes comme ça. Je renonce et je continue à parcourir le Texas à la recherche de la vieille décapotable de mes rêves.

Au bout de plusieurs jours, je décide d'arrêter mes recherches. En arrivant à Houston, j'avais repéré un van assez vieux, mais qui semblait pouvoir tenir le coup. J'appelle le propriétaire et lui dis que je le prends. Je lui donne rendez-vous quatre heures plus tard, le temps qu'il me faut pour revenir dans la banlieue de Houston. Je suis soulagé d'avoir pris cette décision, un souci de moins. Je roule détendu au volant de ma vilaine voiture de location toute neuve, lorsque j'aperçois la sortie Halletsville. C'est comme un signal qui me dirait « sors ! » Sans trop réfléchir, je donne un coup de volant. Je retourne à Hallettsville, j'achète le corbillard et j'entreprends de le relooker. Au début je me dis que j'ai fait une énorme erreur. La peinture ne couvre pas bien et je trouve la couleur trop criarde. La suite me rassurera. Ma Cadillac est pourrie, mais on veut souvent me l'acheter. Ce sera le deuxième personnage du film.

Les Nouveaux Mondes

Un jour, au retour d'un tournage, je reçois un appel de Stéphane Millière de Gédéon. Olivier Minne ne présente pas la deuxième saison de l'émission *Les Nouveaux Mondes*. Il s'est souvenu de ma détermination l'année précédente. Il me propose de lui succéder malgré ma faible expérience. Je suis fou de joie. Trois mois après avoir débuté, je vais présenter une émission en *prime time* sur France 2.

Quelques semaines plus tard, je pars pour le Gabon. Curieusement, je ne suis pas stressé. D'abord parce que je vais retrouver des amis. En effet, une partie de l'émission va se tourner pendant une mission du *Radeau des Cimes*. En outre, je me concentre sur ce que j'ai à faire, j'oublie que l'émission sera diffusée à une heure de grande écoute. Et je continue à penser à mes copains lorsque je m'adresse à la caméra.

La mécanique de l'émission *Les Nouveaux Mondes* est simple : je parcours un pays à la rencontre des chercheurs et des missions scientifiques du pays en question. J'oscille entre les rôles de présentateur et de voyageur. Je suis tellement content d'être là que j'ai envie de m'amuser, de laisser libre cours à ma fantaisie. Et je ne m'en prive pas.

Dans l'émission tournée en Afrique du Sud, j'excite un jeune chien pour qu'il morde mon pantalon. Résultat, quand j'arrive pour saluer le chercheur, je traîne le chien derrière moi, les crocs fichés dans mon jean !

Pas très académique pour un présentateur, mais le chercheur est dérouté. C'est le but. Il oublie le côté rigide des scientifiques trop rigoureux et devient plus sympa devant la caméra.

Au Maroc, pour la dernière émission, j'ose plein de petites cascades. Une seule survivra au montage. Je suis debout à côté de ma voiture et j'annonce la fin de la série. Tout en parlant, je me penche à la portière pour la démarrer. J'ai monté le ralenti et engagé la première vitesse. Dès que j'actionne le démarreur, la voiture s'en va toute seule. Je me tourne vers la caméra, termine ma phrase, puis je rattrape la voiture en courant avant de sauter par la fenêtre et de prendre le volant. Je n'ai plus qu'à accélérer pour m'en aller à vive allure. L'effet est garanti. Une bêtise un peu casse-gueule que je faisais souvent pour faire rire mes copains quand j'avais vingt ans. J'étais content de voir que j'en étais encore capable à quarante.

Ces petites touches d'humour donnent le ton, mais je reste très sérieux sur le contenu scientifique de l'émission. Je parcours ainsi douze pays en seulement quatre mois et demi. Pologne, Tunisie, Kenya, Gabon, Égypte, Vanuatu, Népal, Malaisie, Maroc, Afrique du Sud, Maroc et Pérou. Un vrai tour de la Terre. Je me souviens n'avoir eu que quelques heures d'escale à Paris entre le Pérou et le Maroc. Épuisant, mais j'y crois et j'ai une énergie sans limites. Malheureusement là encore, les audiences ne seront pas suffisantes pour que l'émission continue l'année suivante. C'est un nouveau coup dur.

Dans les années qui suivent, je présenterai deux autres séries d'émissions. Tout d'abord *Emmenez-moi*, une émission proposée par le *Guide du routard* produite par l'agence de presse Capa. C'est à cette occasion que je rencontre Maïtena Biraben dont j'apprécierai le côté direct et déterminé. Mais je n'arrive pas vraiment à trouver ma place dans ce programme. Ma fantaisie ne convainc pas et on ne me

Sur le chemin de l'école avec mes deux frères. Matthieu au centre et Paul à droite.
© Jean et Lisette de Maximy.

Avec Sandrine Gallo, la maman de ma fille, dans ma belle voiture à pédales. À l'époque je me coupais les cheveux moi-même avec les petits ciseaux de mon couteau suisse.
© Isabelle Bideau

Prise de son sur le parcours du risque des commandos de Collioure. DR.

À Beyrouth pour CBS News avec Patrick Denaud. Nous portons tous les deux nos gilets pare-balles. DR.

Hauts plateaux d'Éthiopie. Jean-Yves Collet et moi filmons les babouins géladas avec une grue de 7 mètres de long. © Jean-Baptiste Benoit.

Suspendu à une montgolfière en Arabie Saoudite. Je vais pouvoir filmer les scientifiques pendant le vol. © Jean-Baptiste Benoit.

L'incroyable Radeau des Cimes. Les petites tentes bleues permettent d'y passer la nuit, mais on y dort plutôt mal.
© Laurent Pyot, Océan Vert.

A bord de la Cinébulle, notre montgolfière de tournage, avec la caméra en position basse.
© Jean-Baptiste Benoit.

Page de droite : Mouvements de grue au-dessus d'une crevasse dans la calotte glaciaire du Groenland. DR.

Des « glacionautes » descendent en rappel dans un gouffre de la calotte glaciaire du Groenland. © Phillipe Bourseiller.

Le camp avancé dans l'énorme volcan Nyiragongo. Le lac de lave se trouve à la base du panache, 400 m plus bas. © Dany Cleyet-Marrel.

Le lac de lave. © Jean-Baptiste Benoit.

Conditions de tournage difficiles, port du masque à gaz obligatoire. © Dany Cleyet-Marrel.

Le *Nautile* en plongée. Il faut 2 heures pour atteindre le fond de la mer à 5000 m.
© Ifremer / Paul-Henri Nargolet.

Avec Max Dubois, le pilote du *Nautile*. © Jean-Baptiste Benoit.

Sud de l'Éthiopie, avec une femme Mursi. Elle porte un plateau inséré dans la lèvre.

Éthiopie. Réglage des caméras avant de continuer ma route en direction des tribus Hamer.

Île de Pâques, devant les célèbres Moais. JDCV (*J'irai dormir chez vous*) m'a permis de parcourir les endroits qui me faisaient rêver enfant.

Bénarès, en Inde. Une ville réellement magique.

Québec. Mon deuxième tournage. Le soir, un Inuit va m'agresser et casser ma caméra.

Archipel du Vanuatu. Le téléphone est arrivé dans le village. Le monde évolue.

Maroc, un des pays les plus accueillants de la planète. Beau moment avec une famille de bergers dans le Sahara.

En chute libre au-dessus de Long Island aux États-Unis. Il m'a fallu une quinzaine de sauts pour me sentir aussi à l'aise. Aujourd'hui, j'en ai 35 à mon actif.

J'avais un moment pensé faire l'affiche du film *J'irai dormir à Hollywood*, avec une route dans le fond. J'ai passé deux heures à me photographier avec le retardateur.

Bryce Canyon. Mouvement de grue au-dessus du vide.

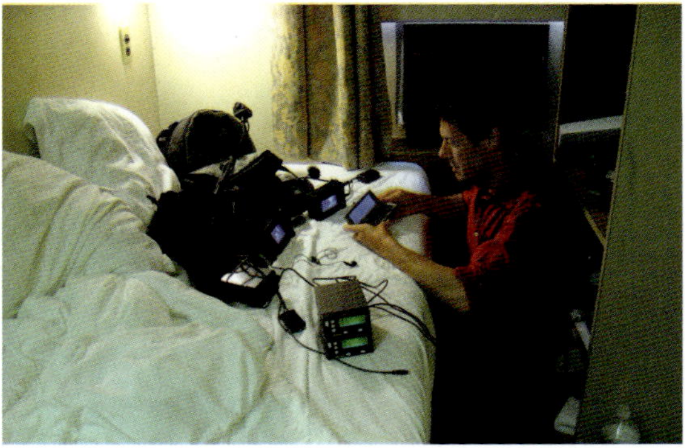

Visionnage de mes images dans une minuscule chambre. J'écris mon rapport image sur un petit agenda électronique.

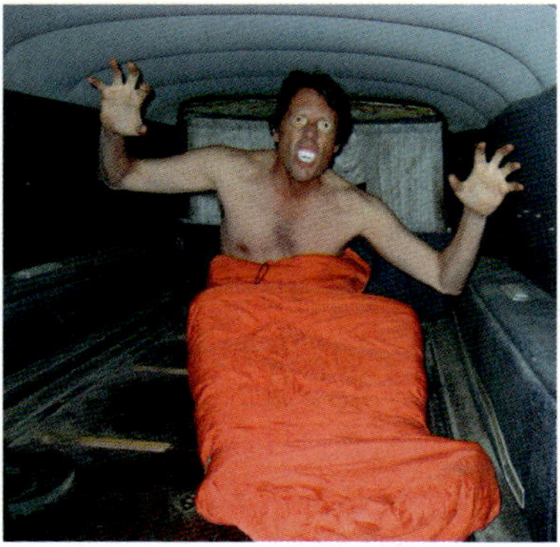

En panne, j'ai dû dormir sur la route. Une nuit dans un corbillard, ça donne des idées.

Comment passer d'une épave à une belle voiture.

Les hoboes. Des gens étonnants. Je n'ai pas pu les garder dans le film.
Ils seront dans les bonus du DVD.

Las Vegas. L'enfer du jeu. Pas trop mon truc.

Les stars de *La Guerre des étoiles*. C'est bien de fréquenter aussi les méchants.

J'y suis ! Plus qu'à trouver une star…

prend pas au sérieux. De plus, on m'a demandé de ne pas m'adresser à la caméra et je m'ennuie. Je sais, je devrais avoir honte de dire ça alors qu'on m'emmène en voyage à l'autre bout de la terre, mais c'est malheureusement vrai.

Deux ans plus tard, je me retrouve sur France 5 avec *Au-delà des dunes*. Une trentaine d'émissions de quatre-vingt-dix minutes dont quarante de discussion en plateau avec deux ou trois invités. Je dois poser des questions, guider la discussion tout en gardant le chrono dans un coin de l'œil pour terminer dans les temps. C'est nouveau pour moi et ça m'intéresse beaucoup.

L'émission passe en *prime time* mais à cette époque, France 5 cède la place à Arte dès 19 heures. Seuls les abonnés au câble peuvent voir le programme, c'est-à-dire pas grand monde. Au début, je suis plutôt mauvais, mais je fais des efforts et je m'améliore lentement. La chaîne me propose d'enregistrer les émissions en extérieur, puisque j'en ai l'habitude. Mais si j'accepte, je me retrouverai dans une configuration de tournage classique. Je refuse. Je suis en train d'apprendre et je tiens à continuer mon « stage ».

Aux invités *people*, je préfère recevoir des gens concernés par le sujet. Je m'accrocherai d'ailleurs avec un chanteur connu, qui se vexera quand je lui demanderai, naïvement il est vrai, en quoi il est compétent pour parler d'Antoine de Saint-Exupéry. Plutôt mettre les pieds dans le plat que d'être un passe-plat idiot. Heureusement, France 5 accepte d'inviter des gens qui me correspondent et je finis par trouver ma place.

Mais la mise en place de la TNT est reportée, *Au-delà des dunes* n'a plus de raison d'être, la chaîne arrête l'émission. Ce sera ma dernière expérience devant la caméra avant *J'irai dormir chez vous*. Nous sommes en 2002, et une fois de plus j'ai l'impression de retourner à la case départ. C'est déprimant.

Pourtant je n'ai pas à me plaindre. Je gagne bien ma vie et je ne manque pas de projets de documentaires. Mais j'ai du mal à conserver ma motivation. J'ai trop de métier, je suis moins inquiet du résultat, je recherche moins l'originalité. En un mot, j'ai peur de devenir blasé, comme si la routine me guettait. Je sais, il est surprenant que j'ai ce sentiment compte tenu du rythme et de l'intérêt de mes voyages.

Il n'y a plus que les expéditions exceptionnelles qui me font vibrer. Comme cette extraordinaire exploration des pyramides qui se heurte depuis des années à des problèmes d'autorisation.

Le mystère de la grande pyramide

Ayant déjà bien préparé le film, je ne résiste pas à l'envie d'en parler ici. Deux Français, Gilles Dormion et Jean-Yves Verd'hurt, disent avoir déterminé l'emplacement de galeries inconnues dans la pyramide de Kheops. Ce n'est pas la première fois que des amateurs sont convaincus d'avoir percé le secret de cette pyramide. Ils ne sont archéologues ni l'un ni l'autre, il n'y a donc aucune raison de les prendre au sérieux. Pourtant, au prix de nombreuses démarches et de beaucoup de volonté, ils obtiennent une autorisation de travail dans les pyramides.

Pour comprendre la suite, il faut savoir qu'une grande cavité ne peut résister au poids phénoménal de la pyramide, que si elle est coiffée d'une voûte. Un plafond plat serait brisé par la pression. Avec sa formation d'architecte, Gilles connaît parfaitement cette règle élémentaire de construction. Or, deux pièces dans la pyramide de Meidoum n'ont apparemment pas de voûte. Les deux archéologues amateurs se disent qu'elle doit se trouver au-dessus du plafond. Et en 1998, ils obtiennent l'autorisation de percer la pierre. Ils découvrent une galerie et deux petites chambres inconnues, fermées depuis cinq mille ans ! C'est la confirmation de ce qu'ils soupçonnent depuis des années. En appliquant le même raisonnement architectural, ils déterminent l'emplacement d'autres cavités inconnues. Par exemple, il y a une galerie sous la chambre de la reine dans la pyramide de Kheops. Sa présence a été corroborée par des mesures de géoradar qui permettent de discerner une sorte de voûte. Pour en être sûr, il suffirait de percer un petit trou...

En 2000, la société Gédéon pour qui j'ai réalisé plusieurs documentaires, me propose ce film. Je pars en repérage avec Gilles et Jean-Yves. Et là je vais vivre une expérience digne d'Indiana Jones ! Nous arrivons au pied de la pyramide rhomboïdale. Elle se trouve à Dahchour, à une quarantaine de kilomètres au sud du Caire. C'est celle de Snéfrou, le père de Kheops. Elle fait partie des grandes pyramides et c'est celle dont le revêtement originel est le mieux conservé. Le monument n'a jamais été ouvert au public et se trouve dans l'état où l'ont laissé les pillards. Les deux hommes démarrent un groupe électrogène sur lequel est branchée une rallonge de cent cinquante mètres de long. À l'autre extrémité, une grappe d'ampoules. Voilà pour la torche de l'aventurier.

L'entrée est une galerie d'un mètre de haut qui s'enfonce en pente douce sur une trentaine de mètres. Nous descendons courbés en deux. Nous pouvons nous relever dans une petite pièce encombrée de blocs de pierre de toutes tailles qui sont tombés du plafond. Après un passage étroit, nous accédons à une très grande salle. Sa voûte en encorbellement se trouve à dix-sept mètres de haut. Des lames de roche se détachent des murs. L'endroit est dangereux. C'est comme passer sous les séracs en montagne. Si ça tombe à ce moment-là, c'est fini. Pour compléter le tableau, des dizaines de chauves-souris tournent sans bruit autour de nous. Et parfois, elles nous pissent dessus.

Je regarde la disposition de la salle et d'une cheminée qui lui sont attenantes. Elles sont séparées par un mur, mais tout en haut, il y a une grande ouverture qu'on pourrait comparer à une fenêtre. Je ne vois pas à quoi cela peut servir. Nous continuons notre progression. Il faut maintenant grimper une échelle en bois qui atteint le plafond de la grande salle. Je n'ai pas le vertige, mais c'est impressionnant. La plus grande partie de la salle est dans le noir. Nous allons monter chacun à notre tour. Gilles m'explique qu'en haut je trouverai un étroit boyau qui s'enfonce dans le mur. Ils seront au bout. Pendant mon ascension, j'essaie de m'imaginer quatre mille ans plus tôt. Comment étaient ces lieux du temps de leur splendeur ? Qu'est-ce qu'on a réellement fait ici ? Dans le faisceau de ma lampe frontale, j'aperçois la galerie. Maintenant, c'est aux pillards que je pense. Se risquer ici, avec une torche qui pouvait s'éteindre à tout moment, il fallait en avoir ! Surtout qu'à l'époque, il n'y avait pas de briquet.

Je retrouve Gilles et Jean-Yves au-dessus d'une petite fosse de quelques mètres de côté. Elle est au milieu du passage. Immédiatement je l'imagine garnie de pieux acérés, pour arrêter les pillards. C'est plus exaltant ainsi, mais évidemment je n'en sais rien. À droite une galerie ascendante d'un mètre de hauteur. Ils me disent d'aller voir. Je passe une porte de pierre qui a été cassée par les pillards et j'aperçois la lumière du jour au bout du tunnel. Je glisse la tête dehors et je découvre que je suis dans le parement de la pyramide. Quelle vue ! La pente lisse se prolonge jusqu'au sommet. Impossible de se risquer à l'extérieur, il n'y a rien pour s'accrocher. Au loin, je vois les autres pyramides, dont celle de Meidoum, avec sa forme en escalier si particulière.

Lorsque je redescends, Jean-Yves me fait signe de le suivre dans un autre passage. Nous arrivons au-dessus d'une grande salle dont le sol se trouve une vingtaine de mètres plus bas. Curieusement, il n'y a aucun moyen de passer directement de cette salle à la précédente ; en tout cas, personne ne l'a encore trouvé. Gilles m'explique que des mesures de microgravimétrie laissent deviner la présence d'une autre grande salle, derrière un des murs.

Je ne suis pas archéologue, mais je réfléchis. La circulation dans la pyramide me semble totalement incohérente. J'ai du mal à croire que ce soit pour égarer les pillards. Et si c'était le cas, il y aurait d'autres couloirs plus évidents pour les leurrer.

Si la circulation n'est pas logique, c'est probablement qu'on n'a pas tout découvert. Or, je me dis que les hommes qui ont bâti ces pyramides savaient ce qu'ils faisaient. Finalement, c'est un peu la même chose avec les machines. Les ingénieurs les construisent pour qu'elles répondent à des besoins. Ils ne développent pas de fonctions inutiles. Et d'ailleurs, j'aime bien les machines parce qu'en les utilisant, on peut se faire une idée de ceux qui les ont pensées.

Dans le domaine de la fabrication d'objets, il y a une constante : on ne fait rien sans raison. C'est encore plus vrai à l'échelle des pyramides. Alors je rêve, j'imagine des hypothèses. Même si je me doute bien que je ne vais pas résoudre en trois jours un problème sur lequel les chercheurs butent depuis si longtemps.

Par moments, le groupe électrogène s'arrête. Nous nous retrouvons dans le noir le temps que le plein soit fait. Nous allons passer cinq jours dans la pyramide. Je me régale en pensant au documentaire extraordinaire que je vais faire. Malheureusement, Dormion et Verd'hurt n'ont pas pu vérifier leur hypothèse : un responsable égyptien leur a retiré leur permis de fouilles. Difficile de ne pas y voir des rivalités d'archéologues. Mais il devrait bientôt céder sa place... Et moi je suis toujours prêt à faire ce film. Si l'expédition se met en place, je lâche tout et j'y vais ! Je sais que quoi qu'il arrive, l'aventure sera passionnante.

Mais les expéditions de cette envergure sont rares. Si je veux conserver ma passion, il faut que je change de direction. Il est vraiment temps que je me remette en question.

Rencontre sur un parking
(*Les coulisses de* J'irai dormir à Hollywood)

— TC : 57' 30"

C'est la seule séquence qui reste de mon passage à Taos dans le nord du Nouveau-Mexique. C'est une petite ville située dans les montagnes et on y trouve un village indien réputé pour son côté « authentique ».

En y allant, j'ai rencontré un Américain de la région qui m'a recommandé la plus grande prudence. Les Indiens sont très tatillons sur les règles qui régissent leur territoire. Comme il me l'explique, je suis chez eux et plus vraiment aux États-Unis. Il y a des jours où le village est fermé pour des cérémonies, d'autres où il est interdit de filmer. Ils peuvent être violents avec ceux qui ne respectent pas ces consignes. Cela m'a rappelé mon séjour au Vanuatu, sur l'île de Pentecôte.

Lorsque je suis arrivé dans le village indien, j'ai constaté que c'était une sorte de musée pour les touristes avec des boutiques de souvenirs. Certaines parties du village étaient inaccessibles et j'ai rapidement compris que c'était là que les Indiens vivaient vraiment. Malgré les panneaux d'interdiction, je suis allé prudemment dans cette zone en espérant établir le contact. Quand on se comporte de façon légère et sympathique, on arrive souvent à s'intégrer, même quand on transgresse les interdits. Cette fois-ci, ça n'a pas été le cas. Il n'y a pas eu de problème, mais on m'a fermement dit de quitter la zone. Je n'ai pas insisté.

Troisième partie

J'IRAI DORMIR CHEZ VOUS

J'irai dormir chez vous

Un jour de février 2003, je vais déjeuner chez mon copain Henri Herré qui habite juste en face de Bonne Pioche. Il a signé quelques longs-métrages et il m'a donné une première chance comme comédien au cinéma il y a quelques années. Un beau casting d'ailleurs : Anouk Grimberg, Dominique Pinon et Jean-Claude Brialy. On discute de choses et d'autres et c'est ce jour que je formule pour la première fois un projet diffus qui me trotte dans la tête. Henri m'écoute et je vois dans son regard que ça lui plaît. Au fur et à mesure que je parle, les idées viennent et s'enchaînent les unes aux autres. Comme une évidence enfin énoncée, une progression logique de mon parcours professionnel.

J'irai dormir chez vous, qui n'a pas encore de nom, naît en moins de trente minutes. Je n'en ai pas conscience ce jour-là, mais je m'apercevrai plus tard que ce concept résulte de la convergence d'idées et d'aspirations diverses. Je les énumère ci-dessous :

Quelques années auparavant, j'ai eu envie de tourner des portraits de gens normaux. Au fil de mes voyages, j'en ai rencontré plein. J'ai traversé des villages magnifiques, aperçu des visages d'enfants extrêmement touchants, croisé des adultes dont le quotidien m'intéressait. J'avais souvent envie de m'arrêter quelque temps et pour capter l'atmosphère de l'endroit. J'avais commencé à écrire un projet et j'en avais parlé aux diffuseurs. La réponse était « déjà vu », ou « pas intéressant ». Évidemment, si j'avais proposé le portrait d'un gars vivant avec trois guépards dans sa maison, l'accueil aurait été meilleur.

À presque quarante-cinq ans, j'ai été successivement ingénieur du son, réalisateur, cameraman et présentateur. Je me dis parfois que faire un documentaire seul m'amuserait. Je crois que c'est une envie qui vient de loin. Quand j'ai fait mes premiers films avec mon cousin, je me souviens avoir eu envie d'en faire un tout seul. Me filmer tout en jouant tous les rôles, pour voir ce que ça donnerait. J'imaginais un générique où il n'y aurait que mon nom. Sacrément mégalo comme idée. Un psychiatre pourrait peut-être trouver d'où vient une telle envie. Un problème d'ego à régler, probablement. Comme beaucoup de ceux qui passent devant la caméra.

Un autre aspect me séduit dans cette drôle idée : filmer de vraies rencontres. On en voit rarement à la télévision. Tout simplement parce qu'on demande aux gens s'ils sont d'accord pendant la préparation du film. C'est logique, mais ensuite la rencontre n'a plus rien de spontané. J'ai décidé de faire le contraire, de partir au hasard et de demander aux gens ensuite. Je ne le sais pas encore, mais cette méthode a de nombreux avantages. Je découvrirai par exemple, que lorsque les gens sont pris au dépourvu, ils sont beaucoup plus naturels.

J'avais envie de retrouver les relations qu'on avait enfant, quand mon père ramenait un voyageur à la maison. C'était juste après 68 et l'appartement était un lieu de passage et d'échange. Ces « visiteurs » s'arrêtaient quelques jours. Pour nous, les enfants, c'était une formidable fenêtre ouverte sur le reste du monde. À l'époque, nous ne voyagions pas du tout. En repensant à cette époque, je savais qu'il était possible de se faire inviter chez les gens. À mon tour, j'ai envie d'être le voyageur de passage, l'ami éphémère.

Et puis, je voulais m'affranchir des chaînes de télé. J'avais de gros budgets pour réaliser mes documentaires, mais c'étaient des coproductions internationales. Les Américains ne veulent pas le même film que les Français, et encore moins que les Japonais. Il fallait composer avec ces différents points de vue. Normal, ce sont eux qui financent, mais j'avais envie de retrouver ma liberté.

Après le repas, je retourne chez Bonne Pioche. Je suis en pleine préparation de mon prochain film d'expédition. Je parle de cette idée à Emmanuel Priou. On se connaît bien maintenant. Après un silence, il m'avoue qu'il n'est pas convaincu. Il ne voit même pas ce que je veux faire. C'est normal, c'est flou pour moi aussi. Le soir même, je commence à écrire le projet.

Je me rends compte que pour réussir le pari d'aller chez les gens, je dois partir seul. Mais il faut que je puisse me filmer en même temps. Je sais qu'il existe de petites caméras, utilisées pour filmer le Paris-Dakar. On les appelle des paluches. Je voudrais en porter sur moi. D'autres l'ont fait, mais mon idée est d'en avoir deux. Une qui me filme, l'autre qui filme mon interlocuteur. La base du montage est le champ-contrechamp, ce qui permet de couper facilement une conversation en passant d'une personne à l'autre. Exactement comme sur un plateau télé sauf que je pourrai faire ça seul, aussi bien au milieu de nulle part qu'au milieu de tout le monde.

Quelques jours plus tard, je file à plus de 200 kilomètres à l'heure en moto, sur l'autoroute du nord. J'adore rouler vite et ça fait des années que je fonce à chaque fois que j'en ai l'occasion. Je sais que ce n'est pas bien, mais j'adore ça. Sarkozy vient de s'attaquer à la limitation de vitesse. C'est sûrement nécessaire, mais un de mes grands plaisirs va disparaître.

Alors j'en profite. Je suis en route pour un village du Val-d'Oise où se trouve la société Horus qui développe des prototypes de minicaméras. Je veux voir à quoi elles ressemblent.

C'est un copain, Jean-Baptiste Benoit, qui m'en a parlé. Il a fait le son de la plupart des documentaires que j'ai réalisés. Bon technicien et bon bricoleur, je me sens toujours mieux quand il fait partie de l'équipe. Et lorsqu'il me conseille des techniciens, je sais que je peux lui faire confiance.

J'arrive à la porte d'un pavillon qui ne paye pas de mine. À l'intérieur, c'est la caverne d'Ali Baba. Un trésor qui laisserait de marbre des pirates, mais qui me fait ouvrir de grands yeux émerveillés. J'adore tout ce qui touche aux techniques de pointe. Là, je suis comblé. Devant moi s'étale un enchevêtrement de caméras démontées, de circuits intégrés et d'outils de toutes sortes.

Avec Raphaël Denis, le contact est excellent. Il me montre les différents modèles de paluches dont il dispose. Certaines possèdent des objectifs d'à peine un millimètre de diamètres. Dissimulées dans un vêtement ou encastrées dans un mur, elles sont indétectables. Moi, je ne cherche pas à filmer en douce, mais je veux être le plus libre possible. Je lui explique ce que je souhaite : une petite caméra fixée sur l'épaule, face aux gens que je rencontre et l'autre au bout d'une tige, tournée vers moi. Banco ! Tout en discutant, il assemble un équipement rudimentaire. Ça tient avec du ruban adhésif, mais le principe est là. Je lui dis qu'il faudrait que je fasse des essais. Il répond sans hésiter : « Tu le prends quand tu veux ». Je suis stupéfait.

Les premiers essais

Pas très sûr de moi, je fais mes premiers pas entre les étals du marché de Belleville. Je me dirige vers la première personne que je vois. C'est un petit Africain, occupé à vider des cagettes. Spontanément, je lui sors un truc du genre : « Alors, c'est qui le plus rigolo du marché ? »

Il se redresse et regarde avec curiosité le matériel que je porte. Je repose immédiatement ma question. Et à ma grande surprise, il me répond sans plus s'occuper de la caméra. À aucun moment, il ne me demande ce que je fais, ni pourquoi je porte cet équipement. Finalement, il m'indique un autre type. Je pars me planter devant lui. À nouveau, la discussion s'enclenche comme si j'étais Monsieur Tout-le-Monde. Mon matériel ne le dérange pas. Lui aussi doit bien se douter que je filme, mais à l'évidence, ça ne lui pose aucun problème.

Je découvre alors ce que je ne soupçonnais pas : presque tout le monde reste parfaitement naturel devant les caméras. Comme si elles n'existaient pas. L'essai est plus concluant que je l'espérais. Je m'enhardis et commence à parler aux gens à droite à gauche, à rebondir sur ce qu'ils disent, à me mêler de ce qui ne me regarde pas... Bref, je m'amuse. À un moment, un gars me dit :

« Là, je n'ai pas le temps de vous parler. Je pars déjeuner ».

Je lui réponds du tac au tac :

— « Je peux venir avec vous ? »

Il refuse. Je me tourne vers ma petite caméra et je dis : « Ça, c'est amusant, je vais essayer de me faire inviter à déjeuner ». Et je continue à aborder les gens. C'est alors que je tombe sur Malika. Elle est d'accord... mais pas aujourd'hui. Et elle me laisse son numéro de téléphone.

À ce moment, je ne pense pas aller dormir chez les gens. Je veux juste faire des portraits. J'arrive chez elle pour prendre un thé. Je veux simplement montrer que j'ai réussi mon pari. Et elle commence à me raconter sa rue, son quartier, sa vie... Son secteur est mal famé. Ça « deale » pas mal. Je l'écoute me faire partager son quotidien : un meurtre dans sa rue ce matin, un autre dans son immeuble quelques mois plus tôt, les bagarres entre bandes rivales, la drogue qui circule... Je trouve ça énorme. Je vis Paris de l'intérieur.

Par la fenêtre, j'aperçois un monceau de fleurs dans la rue. Les gens sont venus mettre des bouquets à l'endroit où le jeune a été tué. Je pourrais tourner une belle séquence, aller voir le commerçant témoin du meurtre en compagnie de Malika. Il ne me recevrait probablement pas comme un journaliste, me raconterait ce qui s'est passé, comment il l'a ressenti. Mais j'ai un rendez-vous, je dois filer. Avec l'expérience je pense que j'aurais dû oublier ce rendez-vous. Ce que j'aurais rapporté aurait peut-être suffi pour convaincre les diffuseurs.

Je suis en cours de montage avec ma copine Juliette Haubois. On fait une petite interruption pour monter la séquence. Je montre tout ça à Emmanuel. À la fin, il me dit : « Ah là, tu commences à me convaincre ! »

Suite à ça, je songe à pousser un peu plus loin le bouchon. Et si mon but était carrément d'aller dormir chez les gens ? Ce pourrait être rigolo. Jusqu'ici, j'avais opté pour un drôle de titre provisoire : « À la rencontre des loufoques et des piqués ». Et là, naturellement me vient : *J'irai dormir chez vous*. Soit dit en passant, ici à la production, nous l'appelons JDCV pour faire plus court.

Je ne le sais pas encore, mais cette histoire va m'emmener jusqu'à Hollywood. Ce que je ne sais pas non plus, c'est que le chemin sera long. Très long.

Bien que je sois impatient de tourner un premier épisode à l'étranger, je ne suis pas disponible. Je suis en partance pour la République démocratique du Congo. Une expédition extraordinaire que m'a proposée Emmanuel il y a quelques mois et que je ne laisserais échapper pour rien au monde.

Le plan de grue
(*Les coulisses de* J'irai dormir à Hollywood)

— TC : 1h 01' 10"

Ce plan où le corbillard traverse le champ de la caméra est en réalité la fin d'un plan de grue. Je voulais faire un super-plan hollywoodien : un beau mouvement de grue avec la voiture qui entrait dans le champ ; et tout seul bien sûr. Je voulais me filmer en train de faire le mouvement de grue. J'ai donc scotché les deux paluches à des arbres sur le bord de la route et je les ai mises en route.

Mon idée était la suivante : on me voyait faire le mouvement de grue et à la fin je bloquais la caméra en position haute. Je courais alors à la voiture garée un peu plus loin, je démarrais et je passais dans le champ. Évidemment, il y avait un long temps mort entre la fin du mouvement et le passage du corbillard.

Au montage, on a coupé les images du temps mort pour que la voiture entre tout de suite dans le champ. Bien évidemment la coupe se voyait, mais je trouvais l'idée du mec qui se débrouille avec les moyens du bord plutôt amusante. Malheureusement, beaucoup de monde ne comprenait pas et comme me l'a fait remarquer Stéphane Mazalaigue, le monteur du film, ça donnait un coup d'arrêt au voyage. On n'a donc gardé que la fin du plan. Pourtant son tournage m'avait pris toute une après-midi !

Au cœur du volcan

Début juin, je me retrouve à l'est du Congo avec mon équipe de tournage. Un an auparavant, le volcan Nyiragongo s'est fendu d'une puissante éruption. Deux énormes coulées de lave ont traversé la ville de Goma, semant la panique parmi ses 400 000 habitants. Après l'éruption, le volcan ne s'est pas rendormi.

Les coulées de lave des volcans sont rarement dangereuses pour un homme valide et on peut s'en approcher sans grands risques à quelques dizaines de mètres. Mais le Nyiragongo peut produire des laves fluides comme de l'eau capables de dévaler les pentes à près de 100 kilomètres à l'heure. Le danger d'une catastrophe majeure est donc très grand.

Le volcanologue Jacques Durieux a monté une expédition au cours de laquelle il veut prélever de la lave dans le cratère du volcan. Mais le Nyiragongo est un volcan gigantesque. Il culmine à 3 470 m d'altitude. Le cratère est tout aussi impressionnant : 1,2 kilomètre de diamètre pour environ 800 mètres de profondeur, soit plus de deux fois et demie la hauteur de la tour Eiffel !

Après quelques heures de marche, nous voici sur le bord du cratère. C'est très escarpé, il a fallu creuser la terre pour placer les tentes. Nous sommes dans la brume et à cette altitude, il fait très froid : 8 °C. Sous l'équateur et couverts de fourrures polaires et de coupe-vent ! Nous allons d'une tente à l'autre par des petits chemins en faisant très attention. À l'intérieur du volcan, les parois sont quasi verticales et friables.

Le lendemain, nous commençons la descente dans le cratère. Le spectacle est étonnant. Le sol, les fumées, les falaises, tout est gris. Jacques Durieux a installé des cordes fixes qui permettront de se retenir en cas d'éboulement. À mi-hauteur, nous posons le pied sur une immense plateforme en forme d'anneau. C'est le reste d'un lac de lave qui avait rempli le cratère en 1982. Il s'est refroidi, laissant une plaine sombre dont le centre s'est effondré.

Nous allons au bord du précipice regarder le lac de lave qui bouillonne avec fureur, 400 mètres plus bas. Le spectacle est impressionnant. La sensation est renforcée par l'aspect précaire de la situation. Par moments, le vent rabat le panache sur nous. Il faut sortir les masques à gaz. À cela s'ajoutent les pluies de cheveux de Pelée, des fils de roche en fusion entraînés par le panache. En altitude, ils refroidissent et retombent sous forme d'aiguilles de pierre qui piquent douloureusement. Nous portons alors des gants et des lunettes adaptées. Pour couronner le tout, des effondrements se produisent en permanence sous nos pieds. Hors de question de s'approcher du gouffre sans être encordé.

Le reste de la plateforme est aussi fascinant. C'est un environnement incroyable et vraiment risqué. Le tapis de cendres dissimule des anfractuosités qui crachent du gaz à plusieurs centaines de degrés. Les odeurs également me marquent. Si le soufre humide sent l'œuf pourri, une autre odeur me touche. Je n'ai pas réussi à trouver son nom, et je ne l'ai perçue nulle part ailleurs. Chaque fois qu'elle titille mes narines, un sentiment s'impose à moi : les origines du monde ! Je ne sais trop l'expliquer, mais c'est une sensation très forte. Comme une évidence.

Nous installons un camp avancé, sur la plateforme à bonne distance du précipice. Le confort est spartiate et les nuits sont épuisantes. La lave fait un boucan d'enfer. Parfois, je me réveille en suffoquant, cherche mon masque à gaz à tâtons. Ça marche vraiment bien ce truc. Je respire immédiatement un air frais et agréable. Je me rendors. Une heure plus tard, nouveau réveil. Cette fois-ci mon visage ruisselle sous le caoutchouc, comme du jambon sous cellophane. À moitié comateux, je soulève le masque, constate que l'air et redevenu respirable et je repars dans les bras de Morphée jusqu'à ce que le cycle recommence. Au bout de plusieurs nuits à ce rythme, je suis comme tout le monde, rincé.

Mais Jacques Durieux est venu récupérer un échantillon de lave au fond du cratère. Du fait des éboulements quotidiens, il est impossible de descendre pour s'en approcher. Finalement, la solution retenue est hasardeuse. Il s'agit de tendre une corde en travers du cratère pour placer une poulie à l'aplomb du lac. Puis de faire descendre une chaîne accrochée à un câble et la plonger dans la lave. Mais tendre une corde de 600 mètres, à la main, en travers d'un cratère est une opération délicate qui prendra plusieurs heures. La poulie est enfin en place à 400 mètres au-dessus du lac de lave. Il faut maintenant laisser descendre la chaîne. Tout le monde retient son souffle durant l'opération. Par moments, le panache de gaz nous empêche de voir le fond. La chaîne est descendue trop bas et termine sa carrière dans la lave, mais nous réussissons à remonter le câble avec des bouts de lave accrochés dessus. Jacques Durieux est ravi. C'est le dernier jour de l'expédition, il a eu son échantillon in extremis. Moi, j'ai mon film. Je vis intensément ma dernière expédition. Et elle est dans le Top Ten !

Je passe l'été à monter le film sur le Nyiragongo. Dans le même temps, j'obtiens un rendez-vous avec France 2 et je propose JDCV. Mon interlocuteur décide de tenter l'aventure. Je suis fou de joie. Je fonce à Bonne Pioche pour dire que je suis libre en septembre. Problème, la petite boîte de production – ils ne sont que six à l'époque – est en train de couler. Ils se sont lancés dans un documentaire sur les manchots en Antarctique qui est visiblement au-dessus de leurs moyens. Je connais le réalisateur de ce film : c'est Luc Jacquet qui était conseiller animalier sur *Animal Zone,* la première émission que j'ai présentée. Je l'aime bien, mais je ne crois pas trop à ce projet. Mais ce n'est pas moi qui décide. Et tant mieux ! Je serais certainement un mauvais producteur : le film s'appellera *La Marche de l'empereur* et il fera un carton planétaire !

Avec Yves Darondeau, un autre membre du triumvirat de Bonne Pioche, nous allons proposer JDCV à la chaîne Voyage. François Fèvre nous reçoit. C'est un type étonnant, toujours en costard, parfois avec la cravate, mais avec un grand sens de la télévision et du voyage. Il croit immédiatement au projet et investit presque autant que France 2. Pour cette petite chaîne, c'est un vrai pari. Il soutiendra JDCV sans faiblir. Sans lui, la série n'aurait probablement pas vu le jour.

Mais cela ne règle pas le problème. Bonne Pioche n'a pas de sous.

De mon côté, je sais que lorsqu'une idée est dans une tête, elle est dans plusieurs têtes. J'ai peur qu'un autre se lance avant moi. Ma priorité, c'est de mettre un épisode dans la boîte au plus vite. Si Bonne Pioche ne me suit pas, je financerai mon tournage. Mais tous les trois décident de prendre eux aussi le risque. Un risque franchement partagé puisqu'ils ne pourront pas me payer pendant des mois. Je m'en fous, je pars. C'est l'essentiel.

La courroie cassée
(*Les coulisses de* J'irai dormir à Hollywood)

— TC : 1h 01' 35"

J'ai toujours considéré que les voitures étaient des gouffres à fric. Je n'en ai jamais acheté de neuve et la plus chère que je me sois offerte ne m'a coûté que 2 500 €. C'est la raison pour laquelle j'ai souvent été confronté à des problèmes techniques.

Je me souviens qu'une fois, je roulais sur une petite route de campagne avec ma vieille décapotable, lorsque j'ai entendu un bruit bizarre. Je me suis arrêté et j'ai constaté que la courroie de la pompe à eau était cassée. Impossible de continuer sans griller le moteur. Quelque temps auparavant, un copain m'avait dit qu'on pouvait remplacer provisoirement une courroie par un bas ou un collant. C'était l'occasion d'essayer. J'ai donc sonné aux maisons environnantes et j'ai fini par en trouver. Un nœud tout bête en serrant au maximum et c'était reparti.

Lorsque j'ai eu une panne similaire au Nouveau-Mexique, je ne me suis pas posé de question, je connaissais la technique. Lorsque la première voiture s'arrête, je demande bille en tête si les Indiennes portent des bas. J'avoue que je rigole en revoyant la séquence. Je pensais que Stéphane, le monteur, avait coupé une partie de la conversation pour que ce soit plus drôle et plus court. Pas du tout. Pour moi, la solution à mon problème était tellement évidente que je n'ai même pas pensé à expliquer plus précisément au conducteur de la voiture ce que je voulais faire. D'où son regard ahuri.

Le Mali, premier tournage

Lundi 13 octobre 2003, je décolle pour le Mali. Le lendemain matin, je me retrouve dans un hôtel de Bamako allongé dans ma chambre. Mon matériel est en vrac sur le deuxième lit. Je me suis battu pour être là et maintenant, plus d'énergie, plus rien. Je n'arrive pas à sortir de l'hôtel. Je ne me sens pas prêt. Rien n'est prêt, d'ailleurs.

C'est le bordel avec le matériel. Les fils s'emmêlent. Je n'ai même pas de cale pour fixer la caméra sur mon épaule. J'en bricolerai une avec le coin d'une vieille porte, coupé d'un coup de scie.

Et puis les questions tournent dans ma tête. Ai-je eu raison de partir si vite ? Est-ce une si bonne idée que cela ? Vais-je réussir à tout gérer seul ? À assurer ? Pour me remonter le moral, je me dis qu'au pire je ferai un film qui raconte l'histoire d'un mec qui se plante. Alors il faut y aller.

J'assemble tant bien que mal mon matériel dans un sac à dos lambda, pas prévu pour gérer autant de fils. On est loin du matériel ultra-rationnel que j'utilise aujourd'hui. Neuf câbles sortent du sac : deux pour les caméras, trois pour les micros, deux pour le retour vidéo et deux pour les télécommandes... Une vraie usine à gaz. Quand je suis enfin prêt, il est 16 heures. Dans deux heures, il fera nuit. Je me force à sortir pour sentir l'ambiance, les gens... Même si je ne tourne pas ; cela me mettra dans de meilleures dispositions pour le lendemain.

J'y suis. Je marche doucement dans les rues de Bamako. Je sens les regards pointer vers moi. Pendant mes essais parisiens, j'ai remarqué que si je faisais attention à mon matériel, les gens m'en parlaient immédiatement. Donc je me comporte comme si je ne l'avais pas. Je me promène deux heures pendant lesquelles il ne se passe rien de notable. Quelques mots échangés par-ci par-là. Bof !

Lorsque je regarde les images à l'hôtel, c'est la surprise. Je vois vivre la rue. Il se passe mille petites choses à l'image. Le genre de détails qu'en général on ne garde pas au montage, parce que ça n'apporte rien à la construction. Effectivement, ça n'apporte rien à la construction, mais ça apporte autre chose. De l'ambiance, de l'atmosphère, de la sympathie... Je regarde mes images avec un certain plaisir. Je rigole même par moments. Mentalement, tout a changé. J'y crois. Demain, ça va marcher !

Je vais partir pour Mopti, à une journée de car. Mais mon sac à dos est trop lourd. Pourtant à Paris, j'ai pris le minimum d'affaires. Je décide de laisser à l'hôtel tout ce qui n'est pas indispensable. Et j'enlève encore au moins 5 kg ! Comment est-ce possible ? Je me rends compte que j'ai pris plein de choses « au cas où ». En rentrant en France, je ferai une check-list que je respecterai désormais à la lettre. Pour tous les tournages de la série, je partirai avec moins de 25 kilos, dont seulement 8 kg d'affaires personnelles.

Je vais d'ailleurs rapidement découvrir que pour tourner JDCV, il faut une rigueur de maniaque alors que dans le même temps, il faut laisser la place à la plus grande improvisation. Un doux paradoxe que je ne maîtrise pas encore bien. Et je vais prendre une leçon douloureuse sur le marché de Mopti.

J'ai repéré des chaudronniers qui fabriquent toutes sortes d'objets avec des vieux pots d'échappement. Ils déroulent le métal avec un marteau et un burin et les transforment en brûleurs à charbon ou en boîtes métalliques. C'est étonnant. Il faut que j'aille chez l'un d'eux. Mais j'ai tous mes bagages sur le dos et je ne suis pas équipé.

Je repère une sorte de camionnette qui ne roule plus et qui sert de vestiaire. Je m'approche de son propriétaire :

« Est-ce que je peux me changer là-dedans ? »

Il acquiesce. Mon instinct me dit qu'il est honnête et qu'il ne me barbotera pas mes affaires. Je monte à l'arrière du camion pour me changer. La température est affolante. Je transpire. Plutôt, je dégouline. Je passe plus d'un quart d'heure dans ce four à m'équiper, et régler mon cadre. Tout ça plié en deux, le plafond de la camionnette ne permet pas de tenir debout. Je sors enfin. Ruisselant. Ma chemise rouge est trempée. Et je commence ma balade au milieu des stands des chaudronniers. J'en repère un qui a une bonne gueule. Je le sens bien. Après avoir échangé quelques plaisanteries, j'attaque :

« Est-ce que je peux aller chez toi ? »

Au début, il ne veut pas me croire.

« Mais pourquoi tu veux aller chez moi ?

— Pour voir comment tu vis ».

Il est ahuri qu'un touriste blanc s'intéresse à lui et qu'en plus veuille dormir chez lui. Lui qui dort par terre. Dans ses yeux, je vois défiler un flot d'interrogations et d'impressions contrastées. Il me dit que chez lui ce n'est pas assez beau, que je ne pourrai pas manger ce qu'il mange. Mais il est surtout très touché par l'attention que je lui porte. Et ça se voit. J'ai tout ça dans mes caméras. C'est émouvant et intéressant. Je suis content.

Finalement, il me montre sa cabane. Il dort effectivement à même le sol, sur une sorte de terre battue, sous des branchages. Il n'a même pas de quoi acheter de la tôle ondulée. Une marmite chante tranquillement sur un petit feu. Nous parlons encore. Je le remercie chaleureusement et lui dis que je vais revenir. Plus tard, je regarde mes images. C'est une catastrophe ! La séquence est complètement ratée. En m'équipant, j'ai touché avec ma joue la caméra qui se trouve sur mon épaule. Je transpirais tellement que j'ai couvert l'objectif de sueur ! L'image est inutilisable. Et pour couronner le tout, je me suis trompé de sens quand j'ai voulu ouvrir les diaphs en entrant sous l'abri. Les images sont trop sombres.

Impossible de recommencer la séquence. Ça ne sonnera pas juste, je ne retrouverai jamais l'instant magique d'une première rencontre. Je suis très déçu. Tout n'est pas perdu, il me reste encore près de deux semaines. Mais il ne faut plus que je m'emballe. Je dois être méthodique. Ne pas faire d'erreurs. Ça fait trop mal. Je décide aussi de ne plus mélanger les moments où je me déplace avec tous mes bagages et les moments où je tourne. Désormais, je prends une chambre d'hôtel et ensuite, je me promène pour rencontrer des gens. Sinon c'est injouable. Pour oublier cet échec, je file au pays Dogon.

Je ne veux pas aller dans les villages touristiques. Je cherche à louer une moto pour sortir des routes. Impossible. Je suis obligé de demander à un gars du village de m'y emmener avec la sienne. Nous arrivons à la falaise de Bandiagara. Mon chauffeur est habitué à balader les touristes, il veut aller vers les beaux villages, sur la gauche. Je décide donc de partir vers la droite. Après plusieurs heures de route, il me dépose à l'entrée d'un village. Je filme mes premiers contacts avec les habitants. Je rencontre ainsi Salim qui accepte de m'héberger. Le soir, je montre les images à toute la famille. Tous sont très contents de se voir sur mes petits écrans. Ils se marrent. Je les filme en train de regarder l'écran. La séquence est formidable.

Mais ça se complique avec mon chauffeur. Il ne veut pas manger ni dormir ici. Je lui ai pourtant clairement expliqué qu'on partait trois jours pour manger et dormir chez l'habitant. Il a bien entendu mais ne m'a pas cru. Lorsqu'il part avec des touristes, ils vont à l'hôtel et dans ce cas, les guides sont hébergés en dortoir. Il veut qu'on parte maintenant. Je suis ferme avec lui, s'il part, je ne le paye pas. Il est furieux, mais je ne cède pas. Je lui donne juste un peu d'argent pour s'acheter du poulet. Moi, je reste avec mes nouveaux amis, pour la bouillie de mil quotidienne.

Le lendemain matin, il ne se prive pas de dire qu'il n'a jamais aussi mal dormi, que chez lui c'est plus confortable et plus propre. Puis, comme il voit que ça ne m'émeut pas, il finit par se détendre. Salim, mon hôte, me raconte sa vie et ses rêves : il voudrait une femme blanche. N'importe laquelle, mais une Blanche. Lorsque je lui explique que chez nous on ne se sert pas comme ça, qu'il faut qu'elle soit d'accord, il ne veut pas me croire. Tout ça est vraiment intéressant. Malgré la différence de culture, il y a une complicité que je n'espérais pas. Je commence à me dire que je peux réussir mon pari.

Lorsque je retourne à Mopti, je retourne voir le chaudronnier. Je lui avais dit que je reviendrais, je ne veux pas disparaître comme ça. Je lui offre des cadeaux dont de la nivaquine contre le paludisme. Il est ravi.

Moi, je suis encore déçu d'avoir gâché cette magnifique séquence tournée avec lui quelques jours plus tôt.

Puis, je vais me promener dans Mopti. Je tombe sur une pinasse, un long bateau à fond plat. Je demande aux gens qui sont à côté de ce bateau, avec moult gestes car je ne parle pas leur langue, de m'emmener avec eux. Je finis par me faire comprendre et je monte à bord. Je m'attends à ce qu'ils me réclament quelque chose. Rien ! C'est de la plus belle hospitalité, pas si rare dans ces pays défavorisés. Cela ne m'empêchera pas de les dédommager de quelques billets en les quittant. Nous partons au port de Mopti. Nous mangeons ensemble mais il est impossible d'échanger un mot. J'abrège mon séjour avec eux. En descendant, je dis à la caméra :

« J'abandonne. C'est vachement sympa, mais on n'arrive pas à communiquer. Je ne peux pas continuer ».

Plus tard, lorsque je présenterai le film à France 2, ils verront dans cet échec les limites du concept. À l'époque, je crois qu'ils ont raison. Je ne sais pas encore que j'irai bientôt au Japon, seul et sans avoir rien préparé. Et ce sera un des épisodes les plus drôles de la série.

À l'époque du Mali, je découvrais une nouvelle façon de filmer et de voyager. J'avais tellement de doutes, qu'il était difficile d'avoir confiance en moi. Aujourd'hui, j'en suis convaincu. Je peux aller partout, même sans parler la langue du pays. Il se passera toujours quelque chose devant ma caméra. Il y aura de la vie, des moments drôles, intéressants ou émouvants. Je n'ai plus d'inquiétudes quand je pars.

Le montage

À mon retour du Mali, j'ai une idée assez classique de ce que je veux faire. Et c'est là que mes producteurs vont me pousser vers quelque chose de plus moderne et décalé. Moi, je suis totalement insensible à la mode et aux tendances. En gros, je m'habille pour ne pas être tout nu, un point c'est tout. Et d'ailleurs, je porte toujours le même type de vêtements. Quand je trouve une chemise qui me plaît, je l'achète en plusieurs exemplaires. À propos de chemises, dans la série, je porte toujours des chemises rouges. Au départ, je voulais partir avec des chemises identiques pour ne pas avoir de problèmes de raccord entre les images tournées au début ou à la fin du voyage. Mais je pensais prendre des chemises rouges pour un épisode, des jaunes pour un autre, etc. C'est Yves qui a dit que le mieux était d'être toujours en rouge. Finalement, c'est une bonne idée. JDCV est associé à la chemise rouge. Du coup, dans la vie de tous les jours, je n'en porte plus jamais.

Pour donner une vraie image à la série, Bonne Pioche veut faire travailler un graphiste sur le projet. J'en connais une que je trouve plutôt rigolote. Je les mets en rapport avec Géraldine Karolyi. Quelques jours plus tard, je repars au Congo faire des raccords sur le Nyiragongo. En rentrant quelques jours plus tard, j'apprends que le copain de Géraldine, Frédéric

Krettly, est monteur et que Bonne Pioche a engagé les deux.

Fred monte depuis deux semaines lorsque je le rencontre. Je suis content de voir qu'il s'amuse en travaillant les séquences. Il s'investit à fond et ne compte pas son temps. Je sens bien que pour lui, ce film sort de l'ordinaire.

Pendant le tournage, j'ai visionné l'intégralité des images que j'ai tournées. J'en ai profité pour écrire des rapports images très précis. Pour chaque cassette tournée, tout est minuté, détaillé et retranscrit. C'est très important pour le monteur. Lorsque je tourne avec les paluches, je fais également des plans complémentaires avec ma caméra de poing. Si je ne lui indique pas où ils sont, il perdra un temps fou à les trouver ou ne les utilisera pas.

À cette époque, mon idée est ne pas suivre les montages et simplement de faire quelques rectifications dans les derniers jours. Mais je m'aperçois que j'en suis incapable. J'ai besoin de tout contrôler. D'autant plus que dans le cas de JDCV, je dois également gérer mon image. Présenter des émissions ne m'a pas posé de problèmes existentiels, mais cette fois, je suis devant la caméra en tant qu'Antoine de Maximy. C'est moi qu'on va juger, pas ma fonction. C'est très différent. Je ne peux pas laisser le film se faire sans être derrière.

Ce premier montage va être le plus long. Il faut positionner la série. Quelles informations sur le pays allons-nous donner ? Sous quelle forme ? Quel genre de commentaire ?

Finalement, nous ne donnons quasiment aucune information. Rien sur le nombre d'habitants ou sur le gouvernement en place, pas d'exposé sur les coutumes. Au départ, ce contre-pied perturbe un peu les gens. On élude l'information typique des documentaires pour privilégier tout ce qui est ambiance, atmosphère, relations humaines… Pourquoi ? Parce qu'on s'en fout. On nous a dit vingt fois combien il y avait d'habitants en Chine ou au Mali. Ceux qui retiennent le savent déjà et ceux qui oublient, l'oublieront de nouveau. Pourquoi alourdir le film ?

Alors, je me contente d'indications nécessaires à la compréhension de mon voyage, et rien d'autre. Genre : « Je sens qu'il est gêné », pour renforcer une atmosphère ; ou « Joseph travaille dans une fabrique de nouilles », pour mieux comprendre qui il est. Toutes ces informations sont écrites. Pas de commentaire.

Je m'apercevrai plus tard que cette absence de commentaire a un gros avantage. Les images arrivent brutes, plus authentiques. Aucune voix ne nous prévient qu'un moment important arrive. En conséquence, les téléspectateurs se concentrent, de peur de rater quelque chose. On n'essaie pas de les accrocher pour les empêcher de zapper, on n'a pas peur d'un moment de silence ; au contraire, on les laisse réfléchir et c'est eux qui veulent connaître la suite.

Il y a une autre différence importante. La plupart des documentaires sont beaux. Il y a souvent un gros travail derrière les images. Le cameraman s'arrange pour ne pas voir un type en tee-shirt, une case en tôle ondulée ou des fils électriques en travers du paysage. Je ne trouve pas ça contestable, je l'ai fait pendant des années. Mais dans JDCV, je me fais un grand plaisir : je filme le monde tel qu'il est. S'il y a des fils électriques, c'est normal, il y a l'électricité. Donc, je filme le paysage avec les fils qui traversent le cadre. D'ailleurs, c'est comme ça que les habitants le voient. Quant à la tôle ondulée, ce serait une erreur de la cacher. Elle est moche, mais dans certains pays, c'est un signe extérieur de richesse. Celui qui habite là a pu se l'offrir. Ce premier tournage de JDCV me conforte dans mon envie de montrer la réalité du monde, tout du moins ce que j'en vois.

Le montage terminé, nous présentons le « bébé » aux chaînes qui nous ont soutenus. D'abord chez Voyage. Devant sa télé, François Fèvre rigole d'un bout à l'autre. Il dit qu'il n'a jamais vu un truc pareil. Avec Yves Darondeau, on fonce dans la brèche.

On lui demande : « On en fait d'autres ? »

Il sourit. C'est oui. On enfonce le clou.

« Combien d'épisodes ? »

Il ne répond pas. Pour l'instant, il ne se pose pas la question de savoir combien. François est un être positif, un enthousiaste caché derrière son costard. Il dit juste qu'il est d'accord. Il pense qu'il a le temps de réfléchir. Ce qu'il est loin d'imaginer, c'est que quelques mois plus tard, je le mettrai en quelque sorte au pied du mur en revenant dans son bureau avec trois nouveaux épisodes de JDCV !

À France 2, le son de cloche est moins réjouissant. Notre interlocuteur n'est pas convaincu. Je sens qu'il hésite. Il montre JDCV aux étages supérieurs. Quelques jours plus tard, le verdict redescend : « Ce n'est pas pour nous ». France 2 sort du jeu. Blues !

Le réservoir
(Les coulisses de J'irai dormir à Hollywood)

— TC : 1h 06' 55"

Le réservoir m'a posé beaucoup de problèmes. La jauge ne marchait pas. Et comme le compteur kilométrique ne fonctionnait pas non plus, je ne pouvais pas savoir quand j'allais tomber en panne sèche. J'avais donc un jerrycan d'essence à bord. Il m'a servi deux fois.

Après cette réparation de fortune, il suintait toujours. J'avais peur qu'il se décroche à nouveau. Le risque, c'est qu'en frottant sur la route, une étincelle y mette le feu. Il n'exploserait probablement pas, mais le feu risquerait de se propager à toute la voiture. J'ai donc acheté un extincteur et je conservais mes cassettes tournées dans un sac à portée de main sur le siège avant. Si j'avais dû quitter la voiture précipitamment, j'aurais sauvé mes images. La fuite augmentait de jour en jour. Ça sentait souvent l'essence et le matin, il y avait une petite flaque sous la Cadillac. Je trouvais que je commençais à prendre trop de risques.

J'ai profité de mon passage à Las Vegas pour le faire réparer. C'était un peu du gaspillage compte tenu de l'âge de la voiture, mais je sentais que ça pouvait mal finir.

Le Québec

Nous faisons le point avec la production. Stop ou encore ? Ma position est claire. Il faut foncer. J'ai toujours peur de me faire doubler par un autre qui aurait une idée comparable et qui en plus connaîtrait le patron d'une grande chaîne. Je ne veux pas prendre le risque de me faire coiffer au poteau. Mes trois copains sont producteurs... et en difficulté. Ils n'ont plus de quoi payer le tournage de *La Marche de l'empereur*. Ils veulent trouver un nouveau diffuseur avant de lancer le prochain tournage.

De mon côté, je suis convaincu que JDCV a un gros potentiel. Pour le montrer, il faut un épisode dans un pays totalement différent. Je pense au Québec. En cette fin d'hiver, c'est l'opposé du Mali. Il y fait froid et la neige recouvre tout. C'est également un pays riche, pas exotique et on y parle le français. Ce dernier point est important : je veux « ferrer » les chaînes avant que ne se pose la question de la traduction. Si ça se passe aussi bien qu'au Mali, je pense que ce sera alléchant pour la suite. On aura envie de savoir comment ça va passer en Chine, en Australie, au Japon, en Éthiopie.

Mais pour avoir une chance d'imposer la série, il faut qu'elle existe. Le Mali tout seul n'est qu'un documentaire à part, un Ovni sympa. Si j'en tourne trois ou quatre, ce sera bien, mais cela restera un projet assez marginal. Mon idée est d'en tourner au moins une dizaine. Et rapidement !

Nous sommes le 15 mars 2004. J'ai suffisamment de sous pour autofinancer cinq épisodes. Je dis à Emmanuel, Christophe et Yves que je serai le 1er avril au Québec, avec ou sans leur soutien. Ce sera avec.

Je me retrouve ainsi à Inukjuak, un petit patelin au nord de la baie d'Hudson. Pour donner une vision plus complète des pays, j'ai décidé qu'à chaque voyage, je visiterai trois endroits bien différents : une ville, un lieu touristique ou emblématique, et un coin reculé où un touriste n'aurait pas l'idée d'aller. C'est là qu'on trouve ce qu'il y a de plus authentique.

Et à Inukjuak, je ne suis pas déçu. Qui pourrait avoir l'idée de passer ses vacances ici ? Je n'ai jamais vu un bled pareil. Perdue au milieu de la toundra, l'agglomération est constituée de deux supermarchés, aussi vilains que les nôtres, entourés de dizaines de maisons identiques qui ressemblent à des hangars. Comme au Mali, je voulais poser mes affaires dans une chambre d'hôtel, avant de partir à la rencontre des habitants. Sauf qu'il n'y a pas d'hôtel. Je suis donc installé chez un couple qui travaille ici. Comme c'est une chose que j'ai arrangée par téléphone depuis la France, ils ne seront pas dans le film.

Dans la rue principale, par – 15 °C, j'essaie de parler aux gens. Ils m'ignorent. La plupart ne parlent que la langue inuit. C'est extrêmement déstabilisant. Je me demande bien ce que je vais arriver à faire ici. En même temps, je sens que je tourne des choses inhabituelles.

Il y a encore peu de temps, les Inuits étaient un peuple nomade. Leur équilibre reposait sur leur capacité à vivre en symbiose avec la nature. Ils ont été sédentarisés, ce qui a cassé cet équilibre. Auparavant, ils luttaient pour leur survie face aux éléments, aujourd'hui ils ont le chauffage, un hôpital, des motoneiges, la télévision... Mais plus rien à faire de leur vie. Ils travaillent tous, plus ou moins à mi-temps, pour justifier le fait d'être logés dans des maisons chauffées du gouvernement. Il en résulte beaucoup de problèmes sociaux. Consanguinité et violence, mais aussi une grande léthargie. Les quelques Québécois expatriés qui travaillent ici ont peu de contacts avec les Inuits. Les deux communautés vivent en parallèle. L'alcool est interdit à Inukjuak, mais la drogue circule sous le manteau. Du coup, l'atmosphère de ce lieu est extraordinaire, au sens premier du terme. Et moi, je suis totalement désemparé. Lorsqu'on visionne cette séquence, il est étonnant de voir que mon désarroi suffit à créer une histoire. Presque une histoire drôle.

Bien sûr, il va se passer des choses dans cette terre du bout du monde. De quoi me conforter dans l'idée que même quand tu ne sais pas comment t'y prendre, il faut y aller. C'est un peu comme la recherche fondamentale. En gros, un scientifique cherche. Il ne sait pas précisément quoi, mais il cherche. Il y a tellement à découvrir, qu'il sait qu'il trouvera quelque chose. Que ce soit en physique, en chimie, l'étude de l'univers ou la découverte d'un autre être humain... tout peut se passer quand on n'a pas déterminé ce qu'on veut trouver. Moi c'est pareil. Je me mets à un endroit propice et j'observe, je fouine, je cherche. Je ne sais pas avec qui le contact va s'établir, mais je sais que je vais trouver. Cette démarche me séduit. Le jour où cette quête ne me fera plus vibrer, la série JDCV ne m'intéressera plus. Il sera alors temps pour moi de passer à autre chose, de me fixer de nouveaux horizons.

Mais en ce jour d'avril 2004, le froid me brûle les oreilles. Je finis par me faire inviter par un Inuit qui m'emmène chez lui. On discute bien. Il est touchant lorsqu'il me confie qu'il aimerait aller en Égypte voir les pyramides, « là où tout a commencé ». Il les a vues à la télévision et depuis il en rêve. Il me parle de lui, de sa vie, et m'apprend qu'il n'a pas de femme. Une vraie complicité s'installe entre nous. C'est dingue ! Il y a moins de deux heures, je ne le connaissais pas et là, il me raconte tout. Je lui demande si je peux dormir sur le canapé. Il accepte. Je reste. Je m'attends à ce que l'on se fasse une petite bouffe. Je lui demande s'il veut que j'aille acheter quelque chose pour le repas. Il n'a pas envie de manger. Puis il disparaît dans la maison et je reste seul à attendre.

Arrive son neveu, pas encore majeur et déjà taillé comme une armoire à glace. On échange quelques mots et il ne fait plus attention à moi. Mon hôte réapparaît et me demande :

« Tu fumes de l'herbe ?

— Non, je ne fume pas, mais ça ne me dérange pas ».

Et je le filme en train de fumer de l'huile de cannabis directement sur les plaques électriques. Il va souffler la fumée dans l'évacuation de la chaudière. « Pour protéger les enfants », me dit-il. Il disparaît à nouveau dans les profondeurs de la maison. Tout cela est un peu bizarre. Il revient dans la pièce, s'approche de moi. Je le filme. Il me fait un sourire ambigu, et arrache le bout de l'objectif de la caméra. L'agression me prend de court. Je réagis violemment. Pas physiquement, mais verbalement. Il s'arrête et dit :

« Excuse-moi. Excuse-moi ».

Ce qui ne l'empêche pas de continuer à essayer de casser ma caméra. J'ai, en face de moi, un mec devenu totalement incohérent. La fumette lui est montée à la tête. Ça dérape. Jusqu'où ça va aller ? J'ai peur, mais ça me rend agressif. Son neveu, l'armoire à glace, observe la scène. Histoire de le mettre dans mon camp, je le prends à témoin d'un regard. Il me baragouine deux ou trois mots. Il est au ralenti. Les choses se calment, mais je ne peux plus dormir ici. L'autre peut refaire une crise et avoir une soudaine envie de donner des coups de couteau. Le lendemain, je suis sûr qu'il sera désolé, mais moi je serai mort. Je bats en retraite et retourne chez le couple qui me loge. Ils ne sont pas surpris de mon histoire. C'est pour ça qu'ils évitent les contacts avec la population locale. Je répare la caméra que l'Inuit a malmenée avec du ruban adhésif. Un bricolage maison qui tiendra le coup. Le reste du tournage au Québec se passera sans encombre.

En revenant en France, je prends des rendez-vous avec les chaînes. Je prends même de vitesse la production car d'une part, je n'ai qu'un projet en tête et d'autre part je suis le plus motivé pour vendre mon « bébé ». J'appelle partout, y compris TF1, même si tout le monde me dit qu'ils ne prendront jamais JDCV. Effectivement, j'obtiendrai un entretien, mais ça ne les intéressera pas.

Avec la production, on décroche un rendez-vous avec France 5. Puis un deuxième, un troisième, un quatrième… JDCV plaît mais visiblement, le programme déroute tout le monde. On voit de nouvelles personnes à chaque fois. On entend un peu tout. Il faudrait modifier le concept. « Ce serait bien d'en faire un jeu où les candidats te donneraient un objectif à atteindre ».

Finalement, un directeur de programmation accepte de prendre la série, mais il veut une diffusion hebdomadaire à partir de la rentrée. Dans quatre mois ! Il nous explique que pour tenir le rythme, il faut prendre cinq présentateurs qui partiront simultanément en voyage. Hors de question ! Je ne suis pas contre l'idée que d'autres utilisent ce matériel un jour, mais là c'est trop tôt. Je veux d'abord lancer le concept sur une grande chaîne.

Je réfléchis quelques jours. Si je fonce tout de suite, je peux livrer des épisodes de vingt-six minutes en hebdomadaire. Je pars dans une semaine au Vanuatu dans le Pacifique. En rajoutant des escales en Nouvelle-Calédonie et en Malaisie, il m'est possible de tourner trois épisodes d'un coup. Je laisse un message à son secrétariat, en expliquant qu'il me faut une réponse dans les cinq jours. Il ne rappellera même pas. Quelque temps plus tard, il dira à mon producteur : « J'ai appris que vous continuez à tourner JDCV. Je ne comprends pas ».

La réponse est simple. Moi, je sais ce que je veux et je fonce. C'est tout.

Aujourd'hui avec du recul, je n'en veux à personne. Au contraire, je me dis que j'ai eu de la chance qu'aucune grande chaîne ne marche avec nous. Cette série prenait tout le monde à contre-pied. Mal filmée – la caméra bouge tout le temps –, pas de commentaire, peu d'infos sur les pays. Elle n'aurait peut-être pas fait de bonnes audiences au début. On aurait alors cherché à améliorer les choses et on se serait probablement rapproché d'une formule plus classique. On serait peut-être passé à côté de ce qui fait l'intérêt de JDCV.

Le pari était moins risqué pour Voyage qui n'avait pas de mesure d'audience à l'époque. Seul comptait le jugement de la chaîne. Et heureusement, ils ont continué à nous accompagner.

Début mai 2004, seulement trois semaines après mon retour du Québec, je pars au Vanuatu.

Le Vanuatu

J'ai choisi ce pays parce qu'il est très différent des deux premiers et aussi parce qu'on y parle encore français. Je suis allé dans cet archipel du Pacifique lors d'un voyage en 1999. J'avais appris que dans certains endroits reculés, des tribus refusaient le modernisme et voulaient garder leurs traditions. Je m'attends donc à vivre des rencontres intéressantes.

Au terme d'un voyage de trente heures dans quatre avions différents, je me retrouve sur une petite île avec onze heures de décalage dans la tête. Top la forme !

Après une bonne nuit de sommeil, je me fais déposer en pirogue sur un îlot voisin. Je dis au piroguier de venir me chercher le lendemain mais il me met en garde. Ce n'est pas bien de rester ici. Je ne l'écoute pas. Je commence à me promener sur l'île. Un homme me rejoint. Il tient une machette à la main. Ça ne m'inquiète pas outre mesure. Ici, avoir une machette, c'est comme le portable chez nous : tout le monde en a. Il me demande ce que je suis venu faire. Je dis que je visite et je demande si je peux faire un petit tour sur l'île. Il me dit oui, mais je sens clairement qu'il y a un problème. La tension est palpable mais tant qu'il ne me dit pas non, je continue. Il me suit.

Un peu plus loin, j'arrive au village. Le chef m'y accueille avec le sourire. Il ne parle pas français mais on communique tant bien que mal. D'un geste, il m'indique des hommes qui décortiquent des noix de coco à une dizaine de mètres. Je m'approche et je demande aux ouvriers si je peux les filmer. Ils acceptent et je fais quelques images. Lorsque je me relève, je me retrouve nez à nez avec le chef. Un type me traduit ce qu'il me dit.

« Il y a un problème. Tu as filmé. Il faut que tu paies ».

Je suis surpris. C'est lui qui m'a indiqué les ouvriers et j'ai demandé devant lui si je pouvais filmer. Mais je n'ai pas respecté un code. C'est lui le chef et c'était à lui qu'il fallait demander. Il m'a laissé commettre l'erreur pour me prendre en défaut. Et maintenant, il me demande une somme très élevée. Je peux la payer, mais elle est totalement disproportionnée par rapport au niveau de vie d'ici. C'est comme si à Paris, on me demandait 5 000 € pour n'avoir pas traversé dans les clous. Donc, je négocie. L'inquiétude de celui qui traduit augmente. Il a visiblement peur des réactions du chef et je comprends que ça peut dégénérer. La situation devient dangereuse.

Que faire ? Je garde mon calme et je réfléchis à toute vitesse. Je suis seul ici. Je n'ai pas vu un autre Blanc depuis mon arrivée. Il faut être prudent. La somme ne mérite pas de prendre un coup de machette. Surtout que si ça commence, ça risque de ne pas s'arrêter. Mais je n'aime pas la méthode et je n'ai pas envie de me faire avoir. Je prends la décision de refuser de payer tant qu'on ne me touche pas. Si on me prend le bras ou qu'on me bouscule, je paierai immédiatement. Le risque de prendre un coup de machette directement est faible, mais s'ils commencent à lever la main sur moi, il me sera difficile de savoir à quel moment céder. Mes caméras tournent et je ne perds rien de la scène.

Au bout d'un moment, voyant que je reste calme mais ferme, le chef, d'un mouvement de machette, me fait signe de déguerpir. Ouf ! Je retourne vers la plage sans demander mon reste. Mais il faut que je récupère un petit sac que j'avais confié au curé de l'église en arrivant. Et pas de chance, il n'est pas là. Arrive un grand mec costaud. Il ne m'inspire pas trop confiance.

« Qu'est-ce que tu fais ici ? Tu n'as pas de guide ?

— Pourquoi, vous êtes guide ?

— Oui.

— C'est gentil, mais je veux voyager seul et rencontrer les gens.

— Tu filmes ?

— Oui, je filmais là-bas, mais ça a fait des histoires alors je m'en vais.

— Fais voir ta caméra. »

Il essaie de prendre la caméra, mais je la tiens fermement. Il déplie l'écran de contrôle.

« Rembobine ! »

Je comprends qu'il veut voir ce que j'ai filmé. Manifestement, au village on se demande ce que j'ai pris comme images. Je mets la caméra derrière mon dos et je lui demande pourquoi il veut voir, puisqu'il est guide.

Il devient agressif. Je sens que ça peut dégénérer rapidement et il est beaucoup plus fort que moi. Heureusement, j'aperçois celui qui avait rangé mon sac. Quelques minutes plus tard, j'ai trouvé une pirogue et je quitte l'îlot sans demander mon reste.

De retour sur la grande île, je réfléchis à ce qui vient de se passer. Tout d'abord, on m'explique pourquoi on me déconseillait d'aller sur l'îlot. Avec mon raisonnement d'Européen, j'ai trouvé normal de payer mon hébergement et mon repas sur l'île, mais une fois sur l'îlot, je voulais juste me promener. Je n'avais donc rien à payer. Mais les habitants de l'îlot raisonnent différemment. Les touristes viennent voir l'îlot parce qu'il est joli mais dépensent leur argent sur l'île principale. Ils trouvent anormal de ne rien gagner. Et leur raisonnement se défend.

Je me demande ce que je dois faire de mes images. Je les ai volées, sans aucun doute, mais il est peut-être plus important de montrer cette réalité. Respecter le droit à l'image ou donner l'information ?

Au montage, je déciderai de garder la séquence. Ça ne fera pas de tort à ceux que j'ai rencontrés et ça permettra aux étrangers de passage de savoir ce qui m'est arrivé. On a le droit de ne pas être d'accord avec moi, mais j'assume ce choix.

Mon voyage n'est pas terminé. Et là, j'ai beaucoup de doutes. À part le Mali où tout s'est bien passé, je me suis retrouvé dans une situation délicate lors des deux voyages suivants. L'authenticité du premier contact est toujours là, les films sont intéressants, mais il y a vraiment des risques. Est-ce raisonnable de continuer ? Surtout pour une série si confidentielle que même mes amis ne la voient pas.

Pourtant, je prends un petit avion pour l'île de Pentecôte. J'ai prévu de la traverser à pied pour rejoindre le village de Bunlap où se déroule une incroyable cérémonie. Les hommes se jettent dans le vide depuis des tours hautes comme un huitième étage. Des lianes accrochées à leurs pieds stoppent brutalement leur chute à moins d'un mètre du sol. L'ancêtre du saut à l'élastique, la sécurité en moins.

Je me renseigne pour savoir où se trouve Bunlap. J'apprends alors que des Blancs y ont été récemment séquestrés pour être arrivés à un mauvais moment. Ils n'ont dû leur salut qu'au paiement d'une coquette somme. Et ce n'est pas une rumeur. Ils ont consigné leur mésaventure dans le registre de la pension où je suis. Ce n'est pas simple ici. Nous sommes dans un autre monde, avec d'autres valeurs. C'est inquiétant et en même temps, je trouve réjouissant de constater que la planète n'est pas encore complètement mondialisée. Qu'il reste des endroits où les gens se fichent qu'à l'autre bout de la terre on ne fasse pas comme eux.

Je décide de prendre un guide. En arrivant à Bunlap, mes caméras tournent déjà mais je l'annonce d'emblée. Et on me demande 150 € simplement pour filmer le village ; même pas la cérémonie. Pour le prix, je négocie un hébergement en pension complète. Des équipes de tournage ont filmé cette cérémonie exceptionnelle. Un long-métrage a même été tourné ici. Compte tenu de la différence de niveau de vie, des sommes colossales ont été allouées au village par la production. Ça a totalement déséquilibré l'économie de la région. C'est aussi ça la mondialisation !

Toujours sans savoir si JDCV trouvera sa place sur les ondes, j'enchaîne les tournages. Mon but est d'arriver assez rapidement à un lot de destinations représentatives de la diversité du monde.

Il faudra attendre encore six mois avant que les choses bougent enfin. Fin novembre, au festival d'Autrans, Christine Cauquelin de Canal Plus découvre JDCV. Elle envisage de diffuser la série l'été suivant sur Canal Plus. Mais il lui faut dix numéros. Seuls cinq sont tournés. J'ai six mois pour livrer les prochains. L'occasion est trop belle, il faut relever le défi.

Une nuit dans le corbillard

(*Les coulisses de* J'irai dormir à Hollywood)

— TC : 1h 07' 10"

Cette nuit dans le corbillard est la seule chose qui reste d'une rencontre étonnante avec les Indiens. J'avais rencontré des jeunes dans une petite agglomération perdue en plein désert. Ils ont tout de suite adoré le corbillard et je me suis rapidement intégré. Ils ont alors improvisé une petite fête et on s'est retrouvé dans un petit pavillon à boire du whisky et de la bière. L'ambiance était assez déjantée. Toutes les demi-heures, un jeune tapait comme un forcené pendant une dizaine de minutes sur sa batterie. Un mec plus âgé, atteint de la goutte, faisait des haltères. Il faisait penser aux prisonniers condamnés à de longues peines qu'on voit dans les films sur l'univers carcéral américain. En même temps, ils buvaient avec application, comme pour être saouls le plus rapidement possible.

Au bout des quelques heures, ils étaient complètement bourrés. Certains titubaient, d'autres dormaient par terre et l'atmosphère s'était progressivement chargée en électricité. C'est à ce moment que des insultes ont commencé à fuser, puis ils ont commencé à se donner des coups.

Je sentais la situation dégénérer rapidement et j'hésitais sur l'attitude à adopter. Il n'y avait aucune agressivité à mon encontre, mais je craignais qu'au bout d'un moment, tout le monde se réconcilie et s'en prenne à moi. Quand les gens ne sont pas dans leur état normal, tout peut arriver. La situation me rappelait mon problème à Inukjuak au Québec, lorsqu'un Inuit défoncé à l'huile de cannabis avait cassé ma caméra. Lui non plus n'avait aucune animosité quelques minutes avant de m'agresser.

Mes amis indiens m'avaient invité à passer la nuit chez eux, mais plus la soirée avançait, plus l'idée me semblait mauvaise. J'ai finalement pris le large. Je garde l'image de l'haltérophile qui me salue en tenant son gallon de whisky presque vide, comme on présente les armes. J'ai parcouru quelques kilomètres avec ma Cadillac et j'ai dormi dedans. J'en ai profité pour filmer cette petite séquence amusante sans vraiment penser qu'elle serait dans le film.

J'ai écarté la fête avec les Indiens et je ne le regrette pas. Elle donnait une vision trop caricaturale du problème de l'alcool dans les réserves. Je ne voulais pas privilégier uniquement les séquences fortes au détriment d'autres plus émouvantes. En revanche, elle vaut le coup et sera vraisemblablement dans les bonus du DVD.

Avoir de la méthode

À partir de ce moment, je vais m'organiser pour rentabiliser mon temps au maximum. Avec rigueur et méthode. Ainsi, je vais tourner dix-huit épisodes en deux ans ! Un travail de malade ! Cela correspond à autant de voyages seul, entrecoupés de montage et de finitions en postproduction. Je suis en permanence sur plusieurs films à la fois, toujours en train de parer au plus pressé. À la fin, je suis tellement fatigué que je n'essaie même plus de rattraper les décalages horaires. J'arrive de Chine le matin et l'après-midi, je suis déjà en train de bosser. Je travaille souvent la nuit et quand j'ai un coup de barre, je dors dans la salle de montage. Au fil des mois, j'affine ma technique de travail pour gagner en efficacité.

Je fonctionne de la manière suivante. Je parcours un pays pendant deux semaines. Tous les jours, je visionne mes images sur les écrans des caméras. Sur un agenda électronique, je tape des rapports images extrêmement détaillés[1]. Il est si petit que je tape avec les pouces. Tout y est : numéro de cassette, code heure et minutes des plans et ce que je compte en faire. Des renvois permettent de retrouver les plans complémentaires que j'ai filmés avec ma caméra de poing. À cela s'ajoute un petit texte qui raconte brièvement mon voyage et les personnages les plus marquants.

1. Voir annexes, p. 221.

Au retour de chaque voyage, je livre une cinquantaine de pages.

Ainsi, la monteuse peut commencer à monter les séquences. Ce travail lui prend trois semaines. Pendant ce temps, je repars en voyage pour l'épisode suivant. Lorsque je rentre, je donne mes nouvelles images à une autre monteuse qui commence ce deuxième film. Moi, je m'attaque aux deux dernières semaines de montage du premier film. C'est à ce moment que nous le mettons en forme. J'arrive dans la salle de montage avec un œil neuf, même si je connais les images par cœur. Ce recul permet des choix efficaces et de terminer le montage rapidement.

En général, il me reste une semaine avant de repartir, pendant laquelle je m'occupe de la finalisation de l'épisode que j'avais commencé avant le premier tournage. Je suis donc en permanence sur trois ou quatre épisodes différents. Dès lors, je n'essaie plus de retenir mes idées. Je les note. Pour chaque film, j'ai un fichier où j'inscris les choses à ne pas oublier. Rajouter un son au mixage, prévenir l'étalonneur que je veux qu'une séquence soit plus sombre à tel endroit, etc.

C'est une vie de fou, mais je sens que ça vaut le coup. Et pour tout dire, cette aventure me passionne. Je ne sais pas jusqu'où me mènera JDCV et je suis impatient de le savoir.

En tournage, je suis également très rigoureux. Pour ma santé, par exemple. Tomber malade est une faute professionnelle. Je viens tourner un film, si je suis rapatrié sanitaire, je n'ai pas fait mon boulot. Lorsque les conditions d'hygiène ne sont pas bonnes, je ne mange rien qui ne soit bien cuit. De même pour l'eau, que je purifie systématiquement. Et je vérifie que je fais bien tomber la pilule désinfectante dans la gourde. Parce qu'une fois qu'elle est tombée, je ne peux plus voir si elle est dedans. Si je ne la vois pas tomber, je pousse la rigueur jusqu'à vider la gourde, et recommencer l'opération.

C'est la même chose en ce qui concerne le paludisme. Je ne prends pas de médicaments préventifs. Je suis très souvent en zone impaludée et il me faudrait en prendre toute l'année. Trop d'effets indésirables. Du coup, je me protège systématiquement avec des produits répulsifs. Et j'ai acheté une moustiquaire sur laquelle je peux compter. C'est vrai, à quoi sert une moustiquaire si on peut mettre le pied contre la toile lorsqu'on dort ? Le moustique piquera tranquillement à travers. Le bas de la mienne est opaque et protège vraiment. Il ne faut pas oublier qu'il suffit d'une piqûre pour attraper le palu.

Comme je repars toutes les trois semaines, il faut que mon sac soit bouclé en deux heures. J'ai une check-list très complète. C'est le meilleur moyen de ne rien oublier.

On y trouve des trucs aussi ahurissants que : « penser à prendre le visa ». Parce qu'il m'est déjà arrivé de m'apercevoir trois jours avant un départ que je n'avais même pas fait la demande de visa. Trop de choses à penser. Sur cette liste, il est même inscrit noir sur blanc : « passeport » et « cartes de crédit » ainsi que « baisser le chauffage », ou encore « noter dans l'agenda de remettre le double appel du téléphone portable au retour ». En effet, je le déconnecte lorsque je suis à l'étranger, mais j'oubliais souvent de le remettre à mon retour.

Je comprends que ça puisse paraître excessif, mais je suis dans une logique de flux tendu. J'ai vraiment besoin de m'appuyer sur une méthode. Et ce n'est pas si ridicule car les pilotes de ligne, qui posent leur avion tous les jours, ont leur check-list. Parce qu'un jour ou l'autre, ils peuvent oublier un truc aussi énorme que de sortir le train d'atterrissage. Ne pas avoir conscience de mes propres faiblesses serait une erreur.

On me demande souvent ce que j'emporte dans mon sac à dos. Alors, je vous ai mis la liste dans les annexes à la fin du livre[1].

Sur le terrain aussi, je suis carré. Ça a l'air léger et très détendu, mais je dois penser à tout. Il ne suffit pas d'anticiper le moment où il va se passer quelque chose, il faut aussi être prêt. Pas question d'oublier de mettre une cassette ou de brancher la batterie. Tous ces détails tournent en permanence dans ma tête et font que je suis dans une logique de travail terrible sur les JDCV.

C'est lorsque les caméras tournent que j'ai le plus de choses à gérer simultanément. Tout d'abord, il faut cadrer. Je filme sans viseur, il faut que j'estime ce qui entre dans l'image. S'il y a plusieurs personnes, j'essaie d'en avoir une en face et une à gauche. Parfois, il y en a aussi une à droite. À ce moment, je dirige ma caméra de poing dans sa direction.

Je gère également la lumière. Il y a une bague de diaphragme sur les paluches. L'électronique gère une partie de l'exposition, mais je dois tout de même changer le diaph si je suis au soleil ou à l'ombre ou quand j'entre dans une maison. Et cela sur chaque paluche. Dans la mesure du possible, je me place en fonction du soleil. Je fais parfois le tour de mon interlocuteur tout en parlant parce qu'il est à contre-jour. Et il faut le faire naturellement, sans qu'il trouve mon manège curieux.

Ensuite, il y a le son. Vérifier qu'il n'y a pas trop de bruit ou trop de vent. J'ai suffisamment d'expérience pour savoir à quel moment c'est inutilisable. Si les conditions sont mauvaises, j'écourterai la discussion et j'essaierai d'aller rapidement dans un endroit où le son sera meilleur.

Mais tout cela ne concerne que la partie technique. Je suis aussi le réalisateur. Il faut penser au contenu.

1. Voir annexes, p. 221.

Et la première des choses est de déclencher les caméras à temps pour ne pas rater le début de la rencontre. Et c'est là que mon expérience des films animaliers me sert beaucoup.

J'ai coréalisé plusieurs films sur les singes avec Jean-Yves Collet. C'est moi qui tenais la caméra. C'était passionnant. Je passais des heures à cadrer les singes. La question était de savoir à quel moment mettre en route la caméra. Déclencher, c'est souvent tourner pour rien et la pellicule coûte cher. Ne pas déclencher, c'est prendre le risque de rater un moment intéressant.

Au début, j'ai manqué de belles scènes. Je n'anticipais pas. Puis, à force de les observer vivre devant ma caméra, j'ai commencé à sentir les choses. Je savais alors très bien faire la différence entre un singe qui se lève parce qu'il veut juste se déplacer, et un singe qui se lève avec une idée derrière la tête. Le regard, la manière de se lever et la démarche... tout diffère.

Avec les hommes, c'est pareil. Quand quelqu'un vient dans ma direction, je devine s'il va me parler ou non. J'enregistre ou pas. Du coup, je ne manque pas souvent le début d'un moment rare à la télévision : l'authenticité d'une première rencontre. Cette première image est toujours très forte. Elle contribue au succès de JDCV.

Le travail du réalisateur est également de choisir de bons personnages. Lorsque je rencontre quelqu'un, la première question que je me pose est toujours la même. Cette personne vaut-elle le coup ? Comment va-t-elle passer devant la caméra ? Il n'est pas suffisant de trouver quelqu'un qui t'accueille, encore faut-il qu'il ait des choses à raconter.

Ensuite, il faut penser au montage et construire la séquence. Ne pas oublier les plans larges pour montrer l'environnement et les raccords qui faciliteront les coupes. Si la personne me parle d'un objet qui est dans la pièce, je le filme avec ma caméra de poing, sinon il manquera au montage.

Je veille aussi sur ma propre sécurité. Puis-je avoir confiance en cette personne ? Est-ce qu'il n'y a rien qui se trame dans mon dos ?

À cela s'ajoutent les problèmes de communication que j'ai dans certains pays comme le Japon ou la Chine. Et là, vous croyez que c'est terminé. Eh bien, non ! En plus de tout ça, il faut que j'inspire confiance à mon interlocuteur, qu'il me trouve rigolo et sympathique. C'est seulement ensuite que j'aurai une chance de me faire inviter chez lui.

Résultat, quand on regarde les rushes, j'ai parfois des yeux de veau, ou l'air complètement abruti. Parce que je n'écoute plus ce qu'on me dit et que je pense à autre chose mais il ne faut pas que ça dure trop longtemps, sinon mon interlocuteur va s'en rendre compte. Je me suis aperçu que je ne pensais pas à tout en même temps, mais que je passe très rapidement d'un registre à l'autre. Je suis d'ailleurs comme ça dans la vie. Évidemment, au montage on va retirer les plans où j'ai l'air d'un débile léger.

Pendant que je tourne, je n'ai pas le temps de réfléchir à ce que les gens pensent de moi. Heureusement, parce que j'ai souvent l'air d'un doux dingue.

C'est le cas quand je tourne les transitions. Dans les JDCV, elles me permettent de passer d'un endroit à un autre. Dans ces moments-là, je n'utilise que la petite caméra de poing puisque tout le reste est emballé. Je me retrouve parfois dans des situations complètement ridicules. Par exemple, lorsque je filme le paysage qui défile par les fenêtres du train. On sait tous bien que cela donne que des images pas très belles. Mais, c'est totalement dans l'esprit du voyage que je veux faire partager. Et j'entends les gens ricaner dans mon dos.

C'est quand je dors contre la vitre que j'ai le plus de succès. Je fais semblant de me réveiller après un petit somme et je regarde le paysage tel un grand rêveur devant l'immensité du monde. Dans le même temps, au bout de mon bras tendu, je tiens la caméra face à moi. Pour que ça ait l'air naturel, il faut bien jouer la comédie, vraiment regarder le paysage. Il y a de la schizophrénie dans ce comportement.

Autre moment de solitude, quand je dois réenregistrer quelques mots tout seul. Par exemple, je sais que j'ai manqué la phrase d'introduction d'une rencontre. Je la refais. « Ça va, il est pas trop lourd votre sac ? » Je négocie bien l'intonation. Nickel ! Sauf qu'il n'y a plus personne devant moi. Autour, les gens se demandent bien ce que je fais. La rigueur professionnelle est parfois bien risible.

Rencontre inquiétante
(*Les coulisses de* J'irai dormir à Hollywood)

— *TC : 1h 08' 30"*

Je voulais sortir des sentiers battus et aller où on ne va pas habituellement. Mon corbillard me donnait cette autonomie. Et c'est en traversant des réserves indiennes, un peu au hasard, que je suis arrivé dans ce curieux regroupement de pavillons, tous identiques, en plein désert. C'est là que je suis tombé sur Charlie, il était visiblement en crise de delirium ou quelque chose comme ça, totalement déconnecté des réalités du monde. Il me demandait de l'emmener à l'hôpital. J'ai pensé qu'il avait vraiment besoin d'aide, et je l'ai pris à mon bord.

J'ai suivi ses indications et après quelques dizaines de mètres, de l'autre côté du pâté de maisons, nous nous sommes retrouvés devant son pavillon. C'est là qu'il a insisté pour que je l'accompagne chez lui. J'ai hésité bien entendu, je ne savais pas à qui j'avais affaire. En temps normal, je serais probablement parti sans autre forme de procès. Mais j'avais un film à faire et ça me poussait à aller plus loin. On me demande souvent si je n'ai pas eu peur de le suivre. En fait, pas tellement. Il était dans un tel état que le moins qu'on puisse dire, c'est qu'il n'était pas performant physiquement. Il a d'ailleurs énormément de mal à sortir de la voiture. Je crois que même avec un revolver en main, il n'aurait pas été très dangereux. Je me méfiais infiniment plus du junkie en rouge qu'on voit à la Nouvelle-Orléans. Lui, je le devinais capable d'être violent et très rapide. C'est pour ça que je recule vivement lorsqu'il se lève.

Pourtant, j'ai préféré ne pas entrer dans la maison de Charlie. D'abord parce que je ne le sentais pas. De plus, on n'y voyait pas grand-chose et je savais que les images seraient inutilisables. Il était inutile de prendre plus de risques.

Je n'ai pas la réponse à la question qu'on se pose tous. A-t-il tué sa mère, comme on peut le croire en regardant la séquence ? Je ne le pense pas, et en tout cas, je n'ai remarqué aucune odeur suspecte. Je serai éventuellement fixé quand le film sortira aux États-Unis. Je recevrai peut-être un coup de fil du shérif du coin, à la recherche d'un témoignage capital...

Voyager seul, le danger

Les tournages de JDCV sont un tourbillon de moments plus étonnants les uns que les autres. Et parfois c'est risqué. Un pays n'est jamais dangereux dans son ensemble. Le danger, c'est une convergence d'éléments : certaines personnes, à un certain endroit et à un certain moment. Quand ces mauvaises conditions sont réunies, je sens que ça peut déraper. Ça n'arrivera pas forcément, mais le danger est là. Et si ça dérape, on ne sait pas jusqu'où ça peut aller. Et c'est dans ces moments que mon expérience des gens et du voyage me sert.

En fait, je suis très attentif à tout ce qui est anormal. Sans en avoir l'air, je fais attention, par exemple, aux regards et aux visages. D'abord, celui de la personne que tu rencontres. Certains sont ouverts et accueillants. D'autres te diront avec les yeux, aussi clairement que s'ils ouvraient la bouche, qu'ils veulent que tu t'en ailles. Mais on en apprend souvent plus dans le regard des autres.

Imaginons : je suis calmement en train de discuter avec quelqu'un et une autre personne entre dans la pièce. Si je sens mon interlocuteur devenir nerveux, cela veut clairement dire que je dois me méfier du nouveau venu, même s'il apparaît sympa et détendu. En effet, mon interlocuteur connaît bien la personne et sait que les choses risquent de déraper. Il ne peut rien dire pour ne pas avoir d'ennuis, mais son angoisse est bien perceptible.

De même, deux mecs qui mijotent un coup peuvent avoir l'air sympas lorsqu'ils te parlent. Mais lorsque leurs yeux se croisent, ils ne se regardent pas comme deux amis. Il y a une petite connivence en plus.

Compte tenu des conditions de mes voyages, j'ai eu très peu de problèmes. Je crois que le moment le plus délicat a eu lieu en Bolivie. À la tombée de la nuit, dans les rues de La Paz, une femme en blue-jean se plante en face de moi et m'intime l'ordre de la suivre sous le prétexte que je n'ai pas d'autorisation de tournage. Nous devons régler ça au commissariat.

Je sais qu'il y a des faux policiers en Bolivie, je lui demande sa carte de police.

« Je te la ferai voir quand tu m'auras montré ton autorisation de tournage ».

La tension en plus, on se croirait à la « récré ». « Toi d'abord ! » En général, quand on a une carte de police, on est content de la montrer. Je refuse donc énergiquement de la suivre et un attroupement se forme autour de nous. C'est seulement à ce moment-là que je pense à déclencher mes paluches. Je n'ai rien du premier contact avec la fausse flic agressive et sûre d'elle. Dommage.

Prévenus par je ne sais qui, des policiers en tenue arrivent. Ils me demandent de les suivre. J'hésite. Et si ça faisait partie du plan ? Ce n'est pas impossible. Il y a même de faux touristes ! Une femme qui a pris ma défense accepte de venir témoigner avec sa fille. Je me dis qu'il est peu probable qu'elle soit aussi dans le coup. Nous montons tous dans deux taxis.

D'ailleurs, il me semble important de témoigner. La fausse flic était crédible dans son rôle et n'en est probablement pas à son coup d'essai. Si j'avais eu une vingtaine d'années et peu d'expérience, je serais tombé dans le panneau. Monter dans un taxi avec la personne qu'on a interpellée est une pratique courante là-bas car les policiers n'ont pas souvent une voiture à leur disposition. Mais là, ça aurait certainement mal fini. Dans le meilleur des cas, je serais reparti sans rien.

Le lendemain, j'appelle la France et nous faisons le point avec Bonne Pioche. Ils préféreraient que je rentre, mais j'aime mieux terminer l'épisode. Je file à Rurrenabaque, aux portes de la forêt amazonienne. Trois jours plus tard, je retourne à La Paz chez Maurice, un ami français qui m'héberge. J'apprends que des gens me cherchent. Ils ont appelé pour demander où j'étais et une voiture planque régulièrement devant sa résidence. Ce coup-ci, ça pue vraiment.

Maurice a prévenu l'ambassade. Ils prennent les choses au sérieux et m'incitent à quitter le pays. C'est pourtant eux qui m'ont poussé à déposer une deuxième plainte le lendemain de mon agression. Et je me souviens de ce que m'a raconté le Français qui m'accompagnait. Il a été attaqué un soir. Son agresseur l'a étranglé jusqu'à ce qu'il perde connaissance. Les veines de ses yeux avaient éclaté et pendant une semaine, le blanc autour de la pupille était devenu noir.

Je ne veux pas prendre davantage de risques. Le Nord de l'Amérique du Sud fait partie des endroits les plus dangereux pour mon style de voyage. Je suis seul, bien équipé et je cherche à aller chez les gens. La proie idéale. Dans ces pays où la situation économique est mauvaise, nombreux sont ceux qui tombent dans la délinquance. C'est pour cette raison que j'avais placé ce tournage en Bolivie juste avant l'été. Pour avoir le temps de refaire fabriquer un équipement si on me volait tout.

Comme dans un film policier, c'est couché sur le sol d'une voiture de l'ambassade que je pars de chez Maurice. Je passe la nuit dans un pavillon du consulat de France. Je ne pense pas être un trouillard. J'ai suffisamment fait de choses pour ne plus en douter. Mais à ce moment, je pense que la situation est dangereuse. Je ne sais pas pourquoi on me cherche. C'est peut-être simplement le mari de la fausse policière qui veut entendre ma version de l'histoire. Ou, plus grave, j'ai affaire à une bande organisée qui envisage des représailles. Finies la légèreté et la fantaisie. Je suis dans un état d'esprit où je ne veux pas commettre la moindre erreur.

Il fait encore nuit lorsqu'une voiture m'emmène à l'aéroport. Sur la route, je suis sur le qui-vive. Je pense que si on nous avait arrêtés, j'aurais bondi de la voiture à toute vitesse. De même à l'aéroport, je n'irai pas aux toilettes pour ne pas aller au sous-sol. Dans la salle d'attente, je me placerai dans un endroit où on ne me voit pas. En relisant ces lignes, je trouve ça excessif. Mais il est facile de sourire maintenant qu'il ne s'est rien passé.

Pourtant en 2006, il y avait une recrudescence d'enlèvements en Bolivie et même des assassinats de touristes. Deux ans plus tard, la situation a empiré. Le site Internet du ministère des Affaires étrangères indique que le risque d'« enlèvements express », en particulier avec la complicité des chauffeurs de taxi et de faux policiers, est très élevé. Il précise que les ravisseurs n'hésitent pas à faire usage de la plus grande violence pour obtenir le code de la carte de crédit afin de retirer de l'argent aux distributeurs de billets. C'est dommage ! La Bolivie était, il y a encore peu de temps, un des pays les plus sûrs d'Amérique du Sud.

De toute manière, lorsque je juge qu'il faut faire attention, je pousse la prudence à l'extrême, comme pour traverser la rue lors de ma fugue à cinq ans. Il est arrivé que je ne sente vraiment pas un chauffeur de taxi. Je l'ai pris en photo avec mon téléphone mobile et je lui ai dit en rigolant que j'envoyais sa photo à un copain. Il a ri, mais il avait compris que s'il m'arrivait quelque chose, il y aurait une trace de lui quelque part. Je n'ai pas envoyé la photo, il suffisait qu'il le croie.

De même, je suis allé à Cuba avec un visa de touriste, sans déclarer que je venais faire un film. Mais je me demandais si on allait saisir mes cassettes ou m'embarquer au poste. Toujours aussi prudent, dès que je repassais à l'hôtel, je sauvegardais mes cassettes sur de petits disques durs. De même, j'avais en permanence un SMS tout prêt dans mon téléphone. « J'ai un problème à La Havane. Je me suis fait embarquer par les flics. Je donne des nouvelles dès que je peux ».

Tout simplement parce qu'envoyer un SMS déjà écrit ne prend que quelques secondes et que lorsqu'on connaît bien son téléphone, on peut le faire sans même sortir l'appareil de sa poche. Curieusement, dans les mêmes conditions, je n'ai pas ressenti ce besoin en Chine.

Il y aura quelques autres moments chauds dans la série. Je ne les raconte pas ici, ils sont dans les épisodes. Mais la plupart de mes voyages se dérouleront sans problèmes majeurs et je sais mieux voir venir les ennuis. Toutefois, les rapports humains sont loin d'être une science exacte. Je peux me tromper un jour. Et le danger serait de ne pas en avoir conscience. J'ai longtemps gravité dans le milieu des films d'aventures où des gens se surpassaient dans des exploits sportifs insensés. Beaucoup sont morts, souvent parce qu'ils étaient devenus trop sûrs d'eux.

C'est pareil pour moi. Au moment de prendre un risque, être sûr de soi, c'est le premier pas vers le danger ou l'accident. Je fais très attention de garder mes doutes.

Prendre contact

On me demande parfois si j'ai une technique pour embobiner les gens. Je ne crois pas les embobiner. J'ai une vraie facilité de contact. Je pense qu'elle est due à certains de mes défauts.

D'abord, je ne suis absolument pas physionomiste. Souvent je ne reconnais pas une personne ou, à l'inverse, je crois me souvenir d'un inconnu. C'est presque une pathologie. Une fois, à l'avant-première d'un film, j'aperçois quelqu'un dont le visage m'est familier. Je lui dis gaiement :

« Toi, je suis sûr que je te connais ».

Il me regarde sans trop savoir que dire.

« Je ne suis pas très physionomiste, mais je sais que je t'ai déjà vu.

— Tu plaisantes ?

— Non, je suis certain de t'avoir déjà rencontré.

— Mais on a discuté tout à l'heure… »

Et là, ça me revient d'un coup. Juste avant la projection du film, nous avons parlé ensemble pendant au moins vingt minutes. Mais entre-temps, il a retiré sa veste et je ne l'ai pas reconnu.

Parallèlement, je suis brouillon et je ne vis pas assez au présent. Je pense toujours à plein de choses en même temps. Et comme j'oublie tout, dès que j'ai une idée, je la note. Il m'est même arrivé de me relever, alors que je n'étais pas seul au lit, pour une idée qui en valait la peine. Si je ne la note pas tout de suite, je sais qu'elle va repartir comme elle est venue. Ce jour-là, c'est la fille qui est repartie comme elle était venue. Dommage, mais je crois qu'il est trop tard pour me refaire.

À cela s'ajoute le fait que je ne fais pas assez attention aux autres. Je suis souvent en train de rêvasser. Je n'écoute pas toujours ce qu'on me dit, et quand j'écoute je ne me souviens pas toujours de qui m'a parlé. Ça me conduit parfois à des situations amusantes.

Quand j'avais une vingtaine d'années, je suis allé à une fête organisée par mon ami Christophe. Il y avait pas mal de monde. À un moment, on sonne et je vais ouvrir la porte. Je vois un mec qui me dit vaguement quelque chose. Avec un sourire, je lui indique où poser son manteau. Quelques minutes plus tard, Christophe vient me voir et me dit :

« Mon copain m'a dit que tu n'étais pas rancunier.

— Pourquoi je serais rancunier, je l'ai déjà vu, ce gars-là ?

— Oui et il t'a même viré de chez lui ».

Je ne m'en souviens absolument pas. Christophe me remémore l'histoire. Il me dit que j'ai passé une bonne demi-heure à répéter à la copine de ce type que je l'aimais. Raconté comme ça, je méritais bien sûr de me faire virer. En réalité, ce jour-là, il y avait un professeur de théâtre qui parlait beaucoup. Pour étayer ses raisonnements sur la difficulté d'être comédien, il me prend comme cobaye, me place en face de la copine de l'autre et me dit : « Dis-lui que tu l'aimes ». Pris de court, je m'exécute.

« Je t'aime.

— C'est pas bon. On n'y croit pas une seconde. Recommence !

— Je t'aime.

— C'est pas bien non plus. On voit bien que tu ne le penses pas ».

Et sur les indications du professeur, je répète à la fille que je l'aime. Je ne remarque pas le regard de plus en plus agacé de son copain. Normal, je m'applique et je ne regarde qu'elle. Au bout d'une vingtaine de fois, je me noie dans ses yeux, et après dix minutes, je commence à y croire. Et je pense que je deviens convaincant. C'est à ce moment que le copain de la fille nous met tous dehors. Il ajoute en me pointant de l'index : « toi tu ne reviens pas ». Effectivement ça me revient vaguement, mais j'ai dû croire qu'il plaisantait.

C'est à cause de ça que la plupart du temps, je ne sais pas si ceux que je rencontre sont des amis ou non, ni même si je les connais. Alors, pour éviter que certains croient que je les snobe, je me positionne toujours comme un ami. Et au fil des années, j'ai pris l'habitude d'être familier avec tout le monde.

Lorsque je réalisais des documentaires scientifiques, je me suis aperçu que la façon de se positionner était capitale. Si je posais des questions bien formulées aux chercheurs, ils répondaient sérieusement, et en général, le résultat n'était pas très bon. Alors que si je posais la question d'une manière très basique, du style « ça sert à quoi ? », la réponse devenait immédiatement plus simple et compréhensible. Pourquoi ? Parce qu'ils ne parlaient plus à un professionnel de la télévision, mais à un semi-idiot. Dans ces conditions, il est beaucoup plus facile de faire un film grand public.

C'est un peu la même chose dans JDCV. Quand j'engage la conversation avec quelqu'un en me comportant comme si je le connaissais, il me répond généralement sur le même ton, sans même y faire attention. Si en plus je lui dis un truc qui l'amuse, on est presque copains.

Pourtant, je garde rarement contact avec ceux que je croise en voyage. Les rencontres JDCV sont particulières. On passe de bons moments, mes hôtes me disent parfois des choses intimes, alors qu'ils ne me connaissent presque pas et puis on se quitte. Ils ont mon adresse, j'ai la leur, et cependant, on ne se rappelle pas. Même lorsque j'envoie les DVD promis, j'ai rarement une réponse. Au début, j'avais peur que le colis se soit perdu et j'appelais. J'apprenais qu'ils avaient vu le film, qu'ils avaient bien ri. Et ils n'avaient même pas pensé à m'envoyer ne serait-ce qu'un e-mail. C'est comme ça. La rencontre était sympa, mais la page est tournée.

Après la diffusion de JDCV sur Canal, je continue à foncer. Je veux avoir dix nouveaux épisodes à leur proposer pour l'été prochain. Mais pas de chance ! Ils n'en veulent plus. Ils ont changé leur politique de documentaires. Ils lancent la série *Les Nouveaux Explorateurs* et dans le même temps, arrêtent la production de films animaliers. Ils profiteront des vacances pour écouler leur stock. Plus de place pour moi dans la grille d'été. Blues again.

Pourtant, la notoriété de JDCV grandit. On en parle de plus en plus dans les forums sur Internet. On y trouve des extraits et même des épisodes entiers. Le Web se substitue à la télévision. Un internaute crée même un site dédié à l'émission. Conscient de son intérêt, je lui envoie des informations pour alimenter ses rubriques.

On commence même à trouver sur la toile des parodies du générique, plus ou moins drôles. Parmi elles : J'irai vomir chez vous, j'irai faire caca chez vous, j'irai... ta femme. J'en passe.

Tout ça nous conforte dans notre idée que le programme a de l'intérêt et qu'il touche un public plus large que les baroudeurs.

Mais j'ai bien peur que cette aventure s'arrête si JDCV ne trouve pas sa place sur une chaîne hertzienne. Les budgets sont vraiment petits. Que faire alors ? Revenir vers les documentaires ? Je ne l'exclus pas, mais j'aurais peut-être l'impression de retourner en arrière.

Heureusement, quelques mois plus tard, Philippe Vilamitjana et Caroline Behar de France 5 s'engagent au côté de la fidèle chaîne Voyage. Cette fois, JDCV est sauvé.

Filmer tout seul
(*Les coulisses de* J'irai dormir à Hollywood)

— TC. 1h 18' 25"

C'est le plan le plus large du corbillard dans le film. On voit la Cadillac traverser le cadre, toute petite au pied des montagnes sacrées de Monument Valley.

On me demande souvent comment, puisque j'étais tout seul, j'ai pu faire ce plan. Si je conduis, qui filme ? Si je filme qui conduit ? En réalité, je cherchais de belles vues de paysage. Je voulais être en hauteur pour mettre en valeur la région. Je suis entré dans un collège dont le portail était ouvert. C'était dimanche et je n'ai vu personne. C'est à ce moment que je me suis aperçu qu'on voyait la route et les voitures au loin. Ce serait bien de voir y passer le corbillard. J'ai mis la caméra sur pied, je l'ai déclenchée et j'ai couru à la voiture. Il m'a fallu faire deux kilomètres avant d'entrer dans le champ. J'avais pris des repères. J'ai fait un passage à bonne vitesse. Puis, j'ai rapidement fait demi-tour et je suis repassé dans l'autre sens. Lorsque je suis retourné au collège, la caméra était toujours là, et j'avais mon plan. C'était un peu un coup de poker, il était gagné.

J'ai employé cette technique à chaque fois qu'on voit passer le corbillard. Une fois, en Arizona, lorsque je suis arrivé pour récupérer la caméra, une voiture venait de s'arrêter et faisait marche arrière. Le type a baissé sa fenêtre et m'a demandé à qui était le caméscope. Je ne suis pas sûr qu'il avait l'intention de récupérer l'appareil, mais je ne l'exclus pas car je l'ai senti agacé de s'être arrêté pour rien.

Pour le dernier plan du film, c'était la même chose. Au lever du jour en décembre, il n'y a pas grand monde sur la plage de Santa Monica. J'ai un peu hésité car il y avait quelques joggeurs mais j'ai senti que je pouvais prendre le risque. J'avoue que j'aurais été fort contrarié de voir quelqu'un s'emparer tranquillement de la caméra, alors que j'étais à une centaine de mètres de la plage, incapable de réagir.

Quatrième partie

J'IRAI DORMIR À HOLLYWOOD

J'irai dormir à Hollywood

La force de Bonne Pioche, c'est d'être tricéphale et d'arriver... à ne pas s'engueuler. Ils sont tous les trois complémentaires et quand ils tombent d'accord sur un projet, c'est bon signe. Ce jour-là, c'est le cas en ce qui concerne l'idée de faire un long-métrage à partir de JDCV. Et les États-Unis semblent être la destination idéale.

Au départ, j'avais gardé ce pays pour la deuxième série. Je me disais que ça ferait un argument de poids : « JDCV ne peut pas s'arrêter là, je n'ai même pas fait les États-Unis ! » Mais au moment de signer avec Voyage et France 5, on se dit tous que le pays mérite un film pour le grand écran.

L'idée était déjà dans l'air depuis un moment. Bonne Pioche avait d'ailleurs fait travailler un monteur pour voir ce que l'on pouvait faire avec toute la matière déjà tournée. Le résultat n'avait pas été concluant, trop éparpillé. Mais c'était bien d'avoir essayé et le projet de faire un long-métrage pour le cinéma était resté.

Pendant que je suis la tête dans le guidon pour les épisodes « télé », le trio commence à démarcher les éventuels partenaires pour financer le film. On en parle de temps en temps, je sens que ça bouge et qu'ils y réfléchissent.

Nous commençons à essayer de mettre sur le papier un film qui sera presque totalement improvisé.

Pour tout dire, je ne suis pas convaincu de la nécessité de ces réunions. Je pense qu'on va vivre un vrai voyage, et qu'il faut laisser faire les choses. Mais je décide de faire confiance à Bonne Pioche. Je sais que j'aurai bientôt une grosse pression sur le dos. C'est rassurant de se sentir épaulé. En outre, je ne sais pas quel genre de film peut marcher au cinéma.

Notre principal problème est ne pas faire de la télévision sur grand écran. Un auteur, Arnold Boiseau, nous rejoint pour y réfléchir, et Christine Loisy, une copine documentaliste, nous propose des endroits qui pourraient mériter le détour. Bonne Pioche suggère que, puisque je vais à Los Angeles, j'aille dormir chez une star d'Hollywood. Je trouve l'idée excellente. Avoir un Graal au bout du voyage renforcera l'unité du film. Je ne me rends pas compte qu'une fois au pied du mur, ce sera beaucoup moins évident. Christophe Lioud aimerait que je commence le film par un saut en chute libre au-dessus de New York. Je ne suis pas très emballé par l'idée. J'ai essayé ce sport il y a une vingtaine d'années et j'ai arrêté à cause de la trouille. Bref, on cherche, on réfléchit et on rigole aussi.

La grande question est de savoir comment je me positionne. Pendant les JDCV, je parle régulièrement à la caméra. Mais au cinéma, ça risque de ne pas fonctionner. Ces réunions ne permettront pas d'écrire le film, mais elles nourrissent la réflexion. Arnold pourra ainsi rédiger un dossier de présentation convaincant.

Début 2007, les choses s'accélèrent. Bonne Pioche commence à avoir de bons retours sur le projet. Disney accepte de distribuer le film. C'est énorme ! Comment une boîte pareille peut-elle s'intéresser à moi ? Progressivement, d'autres se rallient au projet : le distributeur international Wild Bunch, la Sofica Cinémage 2, ensuite France 5 puis Canal Plus. La machine se met en route et le film arrive au bon moment. La série roule, j'ai envie d'aller plus loin. Sinon, je risque une fois de plus d'avoir une impression de routine.

La préparation

Parallèlement, je commence une formation de chute libre. J'espérais ne plus avoir peur, mais la première chute me terrifie. C'est viscéral. Ce sport est contre nature. Je remonte pourtant dans l'avion. Le deuxième saut me fait encore plus peur. Et ça va empirer d'une fois à l'autre. C'est lorsque le moteur ralentit que la trouille est à son paroxysme. Nous sommes à 4 000 mètres et la porte s'ouvre. Un vent glacé s'engouffre dans l'avion. Il faut sauter mais je suis malade de trouille.

Au cinquième saut, pendant les dix minutes que dure l'ascension, je me répète que je ne veux plus le faire. C'est décidé, je vais arrêter. Ils me saoulent Bonne Pioche avec leur idée débile ! Je ne crois plus à cette chute libre, je ne suis pas Nicolas Hulot. Je vais arriver à New York avec un petit canot à rames et ça sera très bien comme ça ! Ça y est, la porte s'ouvre. Comme à chaque saut, Mauss, le moniteur se cramponne à l'extérieur de l'avion et attend que je me jette dans le vide. À genoux près de la porte, je regarde le sol derrière quelques nuages épars. On est vraiment haut ! Je ne peux pas y aller. Je regarde Mauss et lui fais signe que j'abandonne. Il me sourit et attrape calmement la bretelle de mon parachute. Ce con va me tirer dehors ! Je préfère encore y aller moi-même. Je lui fais signe et je bascule hors de l'avion. C'est le saut qui me manquait. Pour la première fois, je me sens bien.

Et je vais commencer à découvrir que c'est vachement marrant, même si j'ai une fâcheuse tendance à me vautrer à l'atterrissage. À partir du dixième saut, je suis à l'aise. La chute libre est un truc complètement fou ! Se retrouver seul, confortablement posé sur un matelas d'air, puis traverser un nuage à 200 kilomètres à l'heure, c'est fabuleux ! Je ne cherche pas à devenir un bon parachutiste. Au lieu de faire des exercices, je m'offre le luxe de regarder le paysage pendant la chute. Le sol s'agrandit de plus en plus vite. Quand j'arrive à mille mètres, j'ai vraiment conscience d'être en train de tomber. Je regarde l'usine et les champs se rapprocher à toute vitesse. Si je ne fais rien, dans vingt secondes je serai mort. Enfin ce n'est pas tout à fait vrai : un système de sécurité ouvre le parachute de secours à trois cents mètres du sol, si on est toujours en chute. En réalité, la chute libre est un sport moins dangereux que circuler dans Paris en scooter.

C'est du point de vue technique que se trouve le plus gros défi. À cette époque, j'ai tourné près de vingt-quatre épisodes de JDCV. J'ai vraiment l'habitude de tourner seul avec mes trois caméras. Mais je tourne en mini-DV, une qualité insuffisante pour le grand écran. Il faut passer en HDV, un format amateur aussi, mais haute définition.

Je regarde sur Internet. Les seules paluches haute définition existantes sont inadaptées. Elles sont petites et très bonnes, mais il faut les raccorder à un boîtier électronique, un enregistreur et des batteries. Mon sac pèserait plus de douze kilos. Comment être détendu dans ces conditions ?

Je retourne voir Raphaël Denis et Patrick Rojewski chez Horus. Ils décident de relever le défi. Ils achètent une petite caméra du commerce et la démontent pour l'étudier. Leur but est de dissocier les différentes parties de la caméra. C'est un travail extrêmement minutieux. Je passe souvent les voir dans l'Oise pour faire le point sur les avancées. Je suis épaté quand je les vois souder à la loupe binoculaire. Je me souviens d'avoir essayé d'apprendre l'électronique par correspondance quand j'avais vingt ans. Et les notions que j'en ai gardées me permettent d'apprécier leur travail. Ce que j'admire chez eux, malgré leur rigueur, c'est leur ouverture d'esprit. Ils sortent des chemins balisés de l'électronique. À leur manière, ce sont aussi des explorateurs.

Et ils vont réussir leur pari. Pour comprendre, il faut savoir qu'après avoir traversé l'objectif, l'image se forme sur un capteur. Ce dernier est relié à l'électronique de la caméra par un câble qui mesure deux centimètres de long. L'idée d'Horus est de remplacer ce câble par un autre de un mètre de long. Mais il leur est impossible de le fabriquer eux-mêmes, il y a soixante conducteurs soudés à la machine. Ils trouvent donc les coordonnées du fabricant, l'appellent au Japon et lui passent commande d'un câble plus long. Au début, le fabricant refuse parce que ça ne peut pas marcher. Ils insistent et finissent par recevoir le précieux câble. Les essais sont prometteurs, mais le signal est moins bon. Ils fabriquent alors des circuits pour rattraper les erreurs. Et ça fonctionne.

Puis Raphaël et Patrick fabriquent une petite pièce pour accueillir le capteur et placent en face un petit objectif. Il est moins bon que l'objectif d'origine, mais la paluche ne mesure que quatre centimètres de côté pour seulement quatre-vingts grammes !

Il faut maintenant terminer la partie enregistreur. Ils suppriment tout ce qui ne sert plus dans la caméra (l'objectif d'origine, le flash, le viseur, etc.) et mettent le reste dans un boîtier étanche. L'opération paraît simple, mais les circuits logiques de la caméra détectent les modifications. Par exemple, elle refuse de fonctionner parce qu'elle croit que le volet de protection de l'objectif ne s'est pas ouvert. Il faut alors fabriquer un circuit électronique pour la leurrer. Puis c'est la mise au point de la télécommande. Elle déclenchera simultanément les deux caméras et alimentera le viseur qui me sert à ajuster mes cadres avant de commencer à filmer. Ce travail leur prendra trois mois. Au final, je me retrouve avec des prototypes uniques au monde sans lesquels ce film n'aurait pas vu le jour.

De mon côté, je réfléchis à la manière de faire des images plus « cinéma ». En étudiant les films, je m'aperçois qu'on fait des plans plus serrés à la télévision. C'est une des raisons pour lesquelles les téléfilms cartonnent sur les chaînes. Ils sont filmés pour être vus sur petit écran et comportent peu de plans larges. Pour le cinéma, il va falloir que je cadre plus large. Effectivement, les gros plans sont moins agréables sur grand écran.

Pour renforcer le côté cinéma, j'aimerais obtenir des images avec des mouvements de grue. Mais comment en emmener une dans mon sac à dos ? Je connais un modèle allemand très bien conçu. C'est un bras de cinq mètres à l'extrémité duquel on place la caméra. Un ingénieux système de cordes permet de la garder horizontale pendant le mouvement. La bonne idée est que ce bras s'adapte sur n'importe quel trépied. Ainsi, la grue pèse moins de dix kilos, mais c'est encore trop lourd pour moi. Je vais m'en inspirer pour faire fabriquer un modèle adapté à ma petite caméra de six cents grammes. Pour m'alléger encore, je décide de partir sans le bras de la grue. Des fixations élastiques me permettent de le remplacer par n'importe quoi : une branche, un bout de bois, un manche à balai... En plus, je sais que lorsque je demanderai un bâton pour assembler ma grue, ça sera amusant et ça rajoutera un petit côté McGyver à mon aventure. Au final, ma grue tient dans un sachet en plastique et pèse environ deux kilos. Et surtout elle donne de bons résultats.

Je ferai une vingtaine de mouvements de grue et il en restera sept ou huit dans le film.

Will Smith
(*Les coulisses de* J'irai dormir à Hollywood)

— TC : 1h 24' 45"

Je me suis retrouvé là un peu par hasard. La veille, j'étais allé faire un tour sur Hollywood Boulevard. C'est assurément un endroit où on est sûr de voir des stars, mais elles sont toutes fausses. Je rencontre plusieurs pirates des Caraïbes, toutes sortes de guerriers de La Guerre des étoiles *ainsi que pas mal de Super Héros. J'essaie de me faire inviter. C'est sympa, mais ce n'est pas la séquence forte qu'il me faudrait pour terminer le film.*

Comme toujours, le soir, je visionne mes images et je trouve qu'il me manque des plans généraux de Hollywood Boulevard. J'y retourne le lendemain, et je constate qu'une partie du trottoir est fermée. Je me renseigne sur ce qui se passe. Les vigiles me parlent d'un mec qui va poser ses empreintes : Will Smith. Je vous jure qu'à ce moment, ce nom n'évoque rien pour moi. Plus tard, lorsque je verrai une photo de lui, son visage me semblera effectivement familier. Mais rien à voir avec Tom Cruise ou De Niro. Pourtant, il paraît que c'est lui la star du moment.

Bref ! Je vais me placer au milieu de la foule et je me dis que ça serait amusant de tenter quelque chose. Le sourire aux lèvres, j'enjambe les barrières et traverse le boulevard. Ça amusera moyennement les flics...

Faux départ

Nous voulons que le film soit prêt pour l'hiver. Avec la production, nous aimerions participer au festival du cinéma indépendant de Sundance aux États-Unis. La sélection a lieu fin septembre. À cette date, il faudrait pouvoir présenter un prémontage. Si je pars début juin, c'est jouable. Mais la mise au point des caméras est plus longue que prévu. Pendant un mois, je repousse mon départ de trois jours en trois jours. C'est épuisant nerveusement. Et je vois qu'il va être de plus en plus dur de tenir les délais pour présenter notre projet farfelu à Sundance.

Lorsque je décolle avec tout mon matériel le 6 juillet 2007, je n'ai que six semaines pour tourner le film. Ça me paraît limite. Mais pour JDCV, je rapporte un 52 minutes en 15 jours. Pour un film de 1 h 40, je crois pouvoir m'en sortir.

Je ne suis pas beaucoup plus chargé que pour tourner un JDCV. J'ai simplement rajouté ma grue et des disques durs pour sauvegarder les cassettes avant de les envoyer en France par la poste. J'emporte moins de trente kilos, y compris mes affaires personnelles. C'est ridicule quand on pense que je vais réaliser un long-métrage pour le cinéma !

J'arrive à New York dans un petit hôtel miteux. Je n'ai pas le moral. Ma chambre mesure moins de cinq mètres carrés. Juste la place du lit, je touche les deux murs avec mes bras. Pas de lumière du jour, la fenêtre est condamnée. Mais ce qui me mine le plus, c'est qu'à l'arrivée, mon sac n'était pas sur le tapis. Je ne peux pas commencer à tourner.

J'appelle régulièrement l'aéroport, mais c'est le week-end. Impossible d'avoir une réponse. Pour couronner le tout, c'est la canicule. Et la pression du film achève de me démotiver. Je suis désemparé, j'appelle Bonne Pioche et Yves me dit de ne pas attendre et d'aller voir à l'aéroport. Que je n'en aie pas eu l'idée prouve à quel point je n'ai plus la niaque. À l'aéroport, je découvre une grande salle où s'entassent des centaines de sacs en vrac. Heureusement le mien est rouge vif et je le retrouve facilement. Il est près de l'entrée, personne ne surveille et je pourrais m'en aller sans autre forme de procès. Je suis très étonné de voir un tel foutoir aux États-Unis. Moi qui considérais que c'était un pays rigoureux !

Je file à l'hôtel, j'assemble le matériel et je sors dans les rues. Je découvre New York, où je n'ai jamais mis les pieds. Je pensais la ville moderne, mais c'était vrai il y a une cinquantaine d'années. Les trottoirs sont défoncés, le métro est ancien. Paris n'a pas à rougir. Je déambule dans les rues avec mon équipement. Je souffre, la chaleur est écrasante. Après une heure de marche, serré entre mon sac à dos et le harnais, ma chemise est littéralement trempée.

En outre, j'ai plein de doutes. D'accord, le film doit être plus profond, d'accord, je ne dois pas parler à la caméra, mais du coup, je ne sais plus où j'en suis. Je dirais même que je ne sais plus qui je suis. J'en perds mes moyens et mon énergie. J'ai l'impression que tout ce que je fais est nul, que je suis nul. Je suis moins sûr de moi, moins efficace, moins drôle et, au final, moins sympa. Les gens le sentent et le contact s'établit mal.

Il y a aussi le problème des cessions de droit. Pour le cinéma, il faut l'accord de tous ceux qu'on voit dans le film. Une autorisation verbale n'est pas suffisante.

Il faut faire signer un papier à chaque personne à qui je parle. Comme si je n'avais pas assez de boulot ! Ça m'arrête dans mon élan, je n'y arrive pas. J'appelle Paris pour dire qu'il faut une personne derrière moi pour s'en occuper. Mais en même temps je sais que c'est idiot. Si quelqu'un m'accompagne, ça va tout casser. Au bout d'une semaine à New York, je n'ai pas fait grand-chose. C'est moins bien que pour un JDCV et si je veux tenir mon planning, je devrais déjà être parti.

Je commence à me rendre compte que le voyage ne peut pas durer six semaines. Sinon, je vais ramener n'importe quoi. Surtout que je ne peux pas tenir le rythme, les températures caniculaires sont exténuantes. Lorsque je rentre à l'hôtel après deux heures de marche avec mon harnachement, ma chemise est tellement trempée que la sueur coule littéralement lorsque je la tords. Continuer dans ces conditions serait une erreur. Je serai épuisé en arrivant en Californie. Et dans leurs voitures climatisées, les stars seront encore plus inaccessibles.

En plus, on veut faire un road-movie, un vrai voyage. Rien à voir avec JDCV où les séquences sont indépendantes les unes des autres. Je ne vois pas comment faire. Il faudrait que je puisse filmer pendant mes déplacements. Mais comment porter les paluches prêtes à saisir mes rencontres avec trente kilos de bagages sur le dos, en train, en bus ou en stop ?

Pour terminer, le matériel n'est pas tout à fait au point et ça me mine. Une petite pièce a lâché sur la grue. Je ne peux plus m'en servir. Je pourrais la bricoler, mais je n'ai pas d'outils. Quant à ma caméra de poing, je viens de m'apercevoir qu'elle a un gros défaut. Je la porte souvent en bandoulière mais les deux points d'attache de cette dernière sont stupidement fixés au même endroit. Elle n'arrête pas de tourbillonner et tape dans ma jambe à chaque pas. Ça semble un détail, mais ça me mine. Bref, c'est mal parti. Je n'ai plus aucune envie de faire ce film. Et sans une vraie motivation, je n'ai aucune chance de réussir. Non, décidément, je n'y crois plus. Ça démarre vraiment trop mal. Je rappelle la production. On en discute et on décide d'un commun accord que je rentre en France. Fin de l'épisode.

À Paris, les trois Pioches sont compréhensifs. On discute, on essaie de comprendre ce qui ne va pas. Moi, je pense qu'il faut abandonner les États-Unis. Trop chiant, trop compliqué. Ce pays me déroute. Je propose même de faire le film au Japon. Eux ne sont pas d'accord. Ils sont certains que les États-Unis sont le pays idéal pour ce voyage. Nous décidons de laisser passer l'été et de faire le point à la rentrée. Je pars en vacances avec ma fille.

Richard
(*Les coulisses de* J'irai dormir à Hollywood)

— TC : 1h 30' 35"

Ce personnage s'appelle Richard. Ce mec est incroyable. Contrairement à la plupart des homeless, *il est sain et équilibré. Nous passons un moment ensemble et je le retrouve un soir dans le fast-food où il s'enfile son hamburger quotidien.*

Lorsqu'il me raconte son parcours, sur la plage, il y a un épais brouillard froid et humide. L'isolement dans lequel nous sommes, à une centaine de mètres de la route seulement, a certainement développé une intimité propice aux confidences.

J'ai pris mon sac de couchage et je me suis installé à côté de lui. J'étais très mal équipé, mais je me suis endormi tout de même. Puis je me suis réveillé dans la nuit en claquant des dents. Je ne vais pas tenir le coup. C'est d'autant plus dur que mon hôtel est à moins de cinq cents mètres. Je remballais discrètement mes affaires lorsque Richard, en habitué de la rue, s'est réveillé. On s'est serré la main. Il me dit qu'il pensait que je partirais bien plus tôt. Quelques jours plus tard, je suis retourné dans son fast-food où ses amis m'ont dit qu'ils ne l'avaient pas vu. Selon eux, ce n'était pas inquiétant. Les homeless *changent d'air régulièrement, et comme les gens de voilier, se retrouvent de loin en loin.*

Dans les jours qui ont suivi, cette rencontre restait dans ma tête. Je me disais qu'elle ne pouvait pas terminer le film. Elle était tellement loin de ce qu'on avait imaginé. Pourtant, en regardant la séquence pour rédiger mon rapport image, je l'ai trouvée très belle, très forte. Et si au contraire c'était ça la meilleure fin, si c'était ça la réalité de ce pays, de mon voyage ? Mais comme d'habitude, j'étais seul, sans personne avec qui discuter. J'avais du mal à me faire une idée. J'ai expédié les cassettes en urgence pour avoir l'avis de la production et celui de Soazic, l'assistante monteuse. Elle avait vu toutes les images depuis le début. En retour, tout le monde m'a confirmé qu'il y avait là quelque chose de costaud. En revanche, on ne savait pas comment elle passerait à la fin de ce road-movie. Le seul moyen de le savoir était de monter le film.

De toute façon, Noël arrivait et ma fille aussi. Il fallait que je rentre en France. Si la fin ne fonctionnait pas, je pourrais toujours revenir. Cela n'a pas été nécessaire.

Enfin sur la route

23 septembre 2007, j'arrive de nouveau à New York. J'ai décidé de continuer. Les vacances m'ont fait du bien, je me suis remotivé et j'ai même eu le temps de terminer mon stage de chute libre. Maintenant je peux sauter aux États-Unis. Du coup, je file dare-dare tourner la séquence d'ouverture du film à Long Island. J'engage deux cameramen et il me faudra six chutes libres pour obtenir les plans. Je sens que ça va me mettre le pied à l'étrier. Effectivement. Je regarde les images de mes chutes et je me dis que c'est un début original. Et la machine se met enfin en route. J'ai la pêche. Je retourne à New York.

Et le problème des cessions de droits, ces formulaires que je dois faire signer à toutes les personnes que je filme, va s'arranger comme par magie. J'ai le sourire, je m'amuse et les gens s'amusent aussi. La plupart signent de bon cœur. Je rapporterai plus de deux cents formulaires de ce voyage. Chaque semaine, je les envoie avec les cassettes et les factures et une carte mémoire qui contient les photos et les rapports images. Pour gagner du temps, Soazic, l'assistante monteuse, commence à prémonter les séquences les plus fortes.

Surtout, j'ai réglé un problème capital. Je vais pouvoir tourner mon road-movie comme je l'entends. Grâce à une idée toute bête. Juste une histoire de bon sens. Normalement, un baroudeur c'est un gars qui porte son sac. Mais pourquoi est-ce que je m'embêterais, moi ? Je n'ai aucune raison de respecter ce genre de poncifs. Je me souviens m'être fâché lors d'une expédition parce qu'on avait marché deux jours avec nos sacs, suivis par une caravane d'ânes chargés de matériel et qu'on était tombés sur une piste avec des traces de roues. On aurait pu louer un camion et gagner du temps. Non, j'étais avec des puristes. Là, c'est pareil. On est en 2007 et je suis dans un pays civilisé, avec des routes. Alors j'entre chez un vendeur de valises et comme une mamie, j'achète un Caddie sur lequel je fixe mon sac de routard.

À partir de ce moment, je suis à même de filmer tout mon voyage. Je me déplace avec tous mes bagages, en transport en commun, à pied ou en stop, et j'arrive à saisir les rencontres imprévues. Je pense que même une équipe de tournage n'aurait pas autant de facilités. J'ai optimisé le concept de l'homme caméra. Je suis même un homme caméra heureux.

À partir de ce moment, la machine est en route. J'ai retrouvé cette énergie qui s'autoentretient et se renforce. C'est dû en grande partie à la présence des caméras. Tout ce qui m'arrive est de la matière première pour le film, et quand je suis dans une galère, c'est infiniment moins démoralisant. Aujourd'hui, même quand je n'ai pas mes caméras, je garde cette attitude positive. Parce que j'ai constaté qu'on se sortait beaucoup mieux de toutes les situations lorsqu'on avait le moral. Cela semble une évidence, mais il faut l'avoir vécu pour arriver à le mettre en pratique quand rien ne va plus.

Je ne vais pas raconter mon voyage ici, il est dans le film, mais c'est dans cet état d'esprit hyperpositif que je vais traverser tous les États-Unis.

Et le corbillard ?
(*Les coulisses de* J'irai dormir à Hollywood)

N'ayant pas exclu de revenir à Los Angeles si la fin du film n'était pas à la hauteur, il fallait que je laisse le corbillard quelque part. Les garages sont nettement moins chers à Las Vegas. Je vais y laisser la Cadillac et prendre un avion pour Paris. En y allant, je décide de faire un crochet pour découvrir le Grand Canyon. Ce sera fatal à mon corbillard. Alors que je roule dans les montagnes de l'Arizona, des claquements se font brusquement entendre. J'ai oublié de gaver le moteur d'huile, j'ai coulé une bielle. Je m'arrête sur le bord de la route.

Il gèle et il fait nuit. J'ai beau faire signe, il me faudra une bonne heure pour arrêter une voiture. Je me fais déposer dans un hôtel quelques kilomètres plus loin. Le lendemain, je laisse le corbillard sur terrain surveillé, au bord de la célèbre route 66, puis je file attraper mon avion pour Paris.

Aujourd'hui, nous n'avons pas pris de décision quant à l'avenir de la voiture. Nous payons chaque mois 25 dollars pour le gardiennage. Nous la présenterons peut-être lors de la sortie du film aux États-Unis. Mais je me demande bien dans quel état est la peinture. Je savais qu'elle supporterait les outrages du temps quelques mois. Mais comment a-t-elle résisté au terrible été de l'Arizona ?

Ensuite, il faudra prendre une décision. On verra. Mais j'avoue que j'ai eu de la peine à me séparer de celle qui m'avait accompagné pendant la majeure partie de ce voyage hors-nomes. Et les longues routes droites en écoutant de la musique country sur la petite radio du bord resteront parmi les meilleurs moments de ce tournage.

L'avenir

Au moment où j'écris ces lignes, je ne sais pas ce que me réserve la sortie du film. On verra. Quoi qu'il en soit, cette idée farfelue de filmer seul et d'aller chez les gens m'aura occupé pendant six ans. En mai 2009, je terminerai le trentième épisode de JDCV. Je pense que ce sera le dernier. J'aurais aimé continuer à tourner à un rythme moins élevé, parcourant les pays que je ne connais pas. Il en reste tant. J'aurais ainsi pu gagner ma vie, rester à l'antenne et me lancer dans de nouveaux projets. Mais deux ou trois épisodes par an, c'est insuffisant pour la programmation d'une chaîne. J'ai pensé un moment partager les tournages avec deux autres voyageurs. On en aurait fait trois chacun, par exemple. Mais les téléspectateurs se sont habitués à moi, est-ce qu'ils auraient suivi d'autres personnes ? En dehors de ces considérations, je pense qu'il est mieux d'arrêter avant que les gens commencent à se lasser.

Maintenant que j'ai mis un pied dans le cinéma, j'ai envie de continuer. J'ai toujours eu envie de filmer des histoires. *J'irai dormir à Hollywood* n'a rien à voir avec une fiction, mais c'est malgré tout un marchepied pour y arriver.

D'ailleurs, j'ai déjà écrit un scénario. Il est peut-être nul ; ou carrément original, l'avenir le dira. J'ai eu l'idée de cette histoire quand j'avais une dizaine d'années. Je n'en dirai presque rien si ce n'est que tout se passe dans la mort, que c'est gai et que le personnage principal est une table en formica. Ceux qui l'ont parcouru me disent n'avoir jamais lu un truc pareil. Mais ils ajoutent souvent : « Je ne vois pas comment ça peut faire un film ». Moi non plus, je ne vois pas comment ça peut faire un film. Mais c'est bon signe. Ça veut dire que ça part dans une direction intéressante, qui mérite d'être creusée.

En ce qui concerne le cinéma, je me rends compte que je ne sais pas grand-chose. Dans l'année qui vient, je voudrais participer au tournage d'une fiction pour apprendre et surtout pour sentir l'ambiance. Savoir comment parler aux acteurs, aux techniciens. L'atmosphère d'un tournage avec des comédiens n'a rien à voir avec celle que je connais sur les documentaires. C'est important. Si un jour je fais un film, il serait dommage que je prenne tout le monde à rebrousse-poil sans le vouloir. Et pour être au plus près de l'action, tourner un *making of* pourrait être la bonne idée.

Je vais retourner au cinéma. Je n'y suis presque pas allé ces cinq dernières années. Je vais principalement courir les mauvais films. C'est dans ceux-là qu'on apprend le plus. Comme on s'ennuie, on a le temps de voir ce qu'il ne faut pas faire. Et connaître les erreurs à éviter est à mon avis une des premières leçons.

Surtout je veux conserver l'exaltation de la découverte. Rien ne me fait plus plaisir que d'être débutant, de ne pas savoir comment je vais me débrouiller. Dans ces périodes-là, j'ai la même énergie qu'à vingt ans. Je crois que le pire, pour moi, serait de ne plus arriver à sortir de la routine.

C'est pour cette raison que je ne pense pas trouver ma place un jour. Parce que trouver sa place, c'est commencer à s'ennuyer. Pour moi, le bonheur n'est pas de trouver sa place, mais de la chercher. Et dans ce domaine, une chose est sûre : quand rien n'est prévu, tout est possible.

ANNEXES

Annexe I

Voici ma check-list

Faire

Prendre le visa pour le pays.

Mettre le couteau suisse en soute.

Mettre la moto sur la béquille centrale.

Changer annonce du répondeur.

Marquer dans l'agenda de mettre le couteau en soute les jours où je vole.

Baisser le chauffage de la maison.

Imprimer les étiquettes avec nom et adresse e-mail pour les boîtes de cassettes.

Noter dans l'agenda de remettre le double appel et les répondeurs du portable.

Traiter les vêtements et la moustiquaire si pays à paludisme.

Remettre à zéro le compteur du téléphone portable.

Vêtements

Deux pantalons adaptés au pays

7 slips

2 chevillères

7 paires de chaussettes

6 chemises rouges

1 tee-shirt découpé si pays froid

Lunettes de soleil (2 paires)

Pataugas ou chaussures adaptées

Cape de pluie

Fourrure polaire

Gants
Gants de soie noirs
Bonnet
Veste chaude

Confort
Microtrousse de toilette :
Brosse à dents de voyage
Fil dentaire
Petit déodorant
Stick lèvres
Petite mousse à raser
1 peigne, 2 rasoirs,
Crème solaire
Fiole de shampooing (faire le plein)
Mini-serviette
Masque pour dormir
Boules oreilles
Antichiasse divers
Aspi-venin
Aspirine
Si pays angoissant ou malbouffe, prendre du plâtre estomac
Lingettes (si je risque de rester plusieurs jours sans me laver)
Gourde + Micropur
Nivaquine en plus pour donner aux gens que je rencontre.
Crème anti-moustiques
Spirales anti-moustiques
Anti-moustiques électrique
Anti-moustiques à pile
Somnifère en cas de long voyage

Accessoires
Passeport
Carnet de vaccination
Cartes de crédit

Permis de conduire français/international
Formulaires de cession de droits
Dictionnaire du pays concerné
Guide du pays concerné (éventuellement)
Carte du pays concerné (éventuellement)
Carnet de reçus
Billet d'avion
Cash
Contact carte France Télécom (éventuellement la carte)
Carnet de plongée
Petit carnet
Une enveloppe demi-taille et une petite enveloppe pour les factures
Poche à fric
Ceinture porte-billets
2 stylos à bille noirs
Téléphone portable
Chargeur téléphone portable
Duvet
Éventuellement cadeaux pour les enfants des villages (ballons, etc.)
Moustiquaire
PQ
Casque pour l'avion en cas de long voyage
Coussin gonflable pour la nuque en cas de long voyage
Nez rouge

Matériel (moi)

Tréo avec son chargeur
Nokia 9500 avec son chargeur
4 cartes MMC 512 Mo
Petit sac à dos souple
Élastiques noirs
Cassette démo JDCV mini-DV (pays ?)
Cassette de nettoyage
Écouteurs de voyage sur enrouleur

Écouteurs de base dans le sac
Petite lampe frontale
3 sacs plastique de bonne qualité
3 sacs-poubelle 50 litres
Sac à dos Lowe
Rouleau de Gaffert
Papier spécial optiques
Chiffonnettes imbibées pour les optiques
Couteau suisse
Multicâble secteur
2 mini-câbles alimentation
GPS avec piles (si ça vaut le coup)
Téléphone satellite et chargeur si pays compliqué
Alimentation allume-cigare 12 V/220 V/100 W
Prise femelle allume-cigare
Outillage de base
Appareil photo numérique, 3 x SSD 512 Mo, chargeur et câble
Câble de copie pour les images
Multiprise 4 plots
Adaptateur secteur du pays
Adaptateur Péritel

Prises de vues

Canon HV 20
Grand angle
Pare-soleil
Filtres gris neutres
5 batteries
2 chargeurs de batteries HV 20
Bandoulière caméra
Mini-pied caméra avec sa rotule
Petite torche d'éclairage
Chargeur torche
Batterie torche
Cale de fixation caméra épaule
Mini-rotule qui va avec les paluches
Harnais avec la banane

Les 3 tiges de la caméra déportée
Viseur de cadrage
2 combinés caméras et enregistreur HC-3
La télécommande double
Télécommande infrarouge Sony
Télécommande infrarouge Canon
2 chargeurs Sony HC-3
4 batteries Sony HC-3
2 enregistreurs sur disque dur
2 alimentations pour les disques durs
2 disques durs de complément 160 Go
2 micros stéréo d'origine Sony HC-3
2 micros Sanken avec les bonnettes anti-vent
3 bonnettes poils pour Sanken
3 bonnettes poils pour MKE 40
Micro Schoeps CMBI avec capsule directionnelle
2 câbles micro mini-jack courts
3 piles de secours pour le Schoeps
2 bonnettes Schoeps (petite et grande)
Moumoute Schoeps
2 clous de secours pour la suspension Schoeps

Une trousse avec

Lecteur de carte SD
2 câbles fire wire 4 x 6 pour copie sur disque dur
1 câble fire wire 4 x 4 qui s'enroule pour faire des copies de cassettes
Outillage de base (clé et douilles 13, 8, 7, et 5,5)
Petite rallonge USB
Petite rallonge mini-jack
Petits haut-parleurs avec une pile de secours
Tournevis cruciforme pour démonter les disques durs

Bonne Pioche

50 cassettes mini DV-60 et 80 minutes
Étiquettes

Annexe II

Prendre une photo

Au début, j'avais un appareil photo classique. Je ne pouvais pas contrôler ce que les gens faisaient. De mon premier tournage au Mali, je n'ai gardé que 6 photos sur plus de 100. Et elles ne sont pas terribles !

Mon voyage au Japon a achevé de me convaincre. Je pensais que dans ce pays où les gens passent leur temps à photographier tous azimuts, ce serait mieux. Eh bien non ! J'ai gardé moins de 10 photos sur 3 rouleaux. J'ai décidé de passer au numérique. Le principal avantage était de pouvoir montrer aux gens la photo qu'ils venaient de faire et leur expliquer comment l'améliorer.

Je ne suis pas un bon photographe, mais j'ai compris qu'il suffit d'éviter deux défauts majeurs pour faire des photos potables. L'appareil est totalement automatique donc la photo sera nette et bien exposée. Mais il reste le gros problème du cadre. Et ça, ce n'est pas automatique du tout.

Le défaut le plus courant est le suivant : les gens placent instinctivement la tête du sujet au centre de l'image. Résultat : on a une image avec beaucoup d'espace sans intérêt au-dessus de la tête (genre le plafond ou du ciel bleu) et le bas est coupé n'importe comment. Si on pense à placer la tête des gens près du haut de l'image, la photo est tout de suite beaucoup plus réussie.

Le deuxième défaut est de ne pas composer la photo. Il faut placer le personnage sur l'arrière-plan. Si vous photographiez votre maman devant une fontaine par exemple, il ne faut pas mettre la fontaine et la maman l'une derrière l'autre, juste au centre. C'est moche. (Imaginez que si elle est devant un arbre, le tronc va lui sortir juste au-dessus de la tête. Très joli !)

Alors que si on les décale l'une par rapport à l'autre, genre la fontaine à gauche et la maman devant, et sur la droite, c'est beaucoup plus beau. Il suffit de faire deux ou trois essais et on a compris. Et si la maman est beaucoup plus petite que la fontaine, mettez-vous près d'elle en laissant la fontaine un peu loin derrière, comme ça les deux seront à peu près de la même taille.

Ces conseils feront marrer ceux qui font souvent des photos, mais si vous êtes nul, vous allez faire de gros progrès en quelques minutes. Des nuls en photos j'en ai rencontré beaucoup dans mes voyages. Et dans tous les pays.

Annexe III

Questions les plus fréquentes sur JDCV

J'aime bien rencontrer les gens. Mais depuis quelque temps, on me pose toujours les mêmes questions. C'est tout à fait normal, mais moi je commence à radoter. Alors voici la réponse à ces questions légitimes. Et comme ça on pourra parler d'autre chose ensuite.

— *Choix des destinations :*

Je suis seul décisionnaire des destinations et les chaînes ne me demandent même pas où je vais. Une liberté que je n'aurais jamais cru avoir un jour. Au début j'ai choisi les pays pour que les destinations soient les plus variées possible. Maintenant je vais dans les pays où je pense que ce sera intéressant d'essayer le concept.

— *Durée des tournages :*

Les tournages durent environ deux semaines.

— *Préparation des voyages :*

Pratiquement aucune. Sauf quand je dois réserver des vols intérieurs. Il y a des pays où ils sont souvent complets. Je suis alors obligé de me faire un semblant de planning. Donc, la préparation va de pratiquement rien à quelques heures.

— *Peur des agressions :*

Que ce soit pour des reportages de guerre ou des films d'expédition, j'ai voyagé toute ma vie. À force j'ai pris l'habitude de voir venir les ennuis. Mais on peut toujours se tromper. Il y a eu quelques moments délicats pendant le tournage de la série (Vanuatu, Éthiopie, Québec et Bolivie/Pérou).

— *Vérité, bidonnage et arrangement divers :*

Je n'invente rien, mais il arrive que l'épisode ne soit pas monté dans l'ordre dans lequel je l'ai tourné. Le pourcentage entre bons et mauvais moments n'est pas respecté parce que je ne développe pas les moments sans intérêt particulier. C'est normal. Quand on part en week-end au ski, on prend deux fois le train de nuit pendant huit heures. Ça correspond au quart du week-end, mais ce n'est pas le quart de ce qu'on raconte en rentrant.

— *Garde des contacts ?*

J'ai leur adresse, ils ont la mienne. Mais les rencontres rapides s'oublient vite et on ne peut pas vraiment dire que j'ai gardé des contacts. J'envoie toujours un DVD du film aux gens chez qui je suis resté et ils me répondent rarement. Ces rencontres sont des moments sympas, mais lorsque je m'en vais, la page se tourne.

— *Qu'est-ce que je donne aux gens qui m'accueillent ?*

Dans les pays riches, j'apporte une bonne bouteille. Chez les moins riches, je fais des cadeaux utiles pour la maison. Dans les pays vraiment pauvres, je donne de l'argent en repartant. Ce n'est pas du commerce, c'est un cadeau. Par ailleurs, j'envoie toujours les photos dans les pays où les gens n'en ont pas. En dernier lieu, même si ce n'est pas quantifiable, je fais l'effort de raconter mes voyages.

— *Budget moyen d'un voyage :*

Je ne fais pas d'économie en allant chez les gens parce que j'ai presque toujours un hôtel (c'est dit dans les épisodes Madagascar, France, Suisse, Chili...). En effet je voyage seul avec 25 kg de bagages. Il faut bien que je pose ça quelque part avant de partir rencontrer les gens. Comme je vais dans de petits hôtels et de petits restaurants, le tournage ne coûte pas très cher. Mais les caméras sont des prototypes coûteux et la postproduction est chère pour rattraper les images au mieux.

— *Meilleur souvenir :*

Plein de bons souvenirs. Une des plus belles rencontres est celle d'un vieil homme dans un hameau perdu au Cambodge. On ne pouvait pas communiquer. Il a commencé à faire de la musique et je l'ai accompagné en faisant de la flûte en soufflant dans mes mains. La rencontre était tellement magique que je l'ai laissée en longueur. Elle prend la moitié de la séquence consacrée à ce village.

— *Plus mauvais souvenir :*

Je ne sais plus vraiment. Un mauvais souvenir, c'est une galère. Si j'arrive à la filmer, ça devient une bonne séquence pour le film. Si je ne peux pas la filmer, ça me fait franchement râler, mais comme il n'en reste pas de traces, je l'oublie vite.

— *Les endroits les plus accueillants :*

Le Maroc et la Polynésie.

— *Les plus difficiles :*

Le Japon, les Émirats et l'Australie.

— *La présence de la caméra influence-t-elle les gens ?*

Bien sûr. Mais infiniment moins qu'une équipe de tournage classique. Autre avantage, cet équipement attire les gens ouverts et curieux et fait fuir les introvertis qui sont généralement mal à l'aise devant la caméra.

— *Ce que j'ai mangé de plus horrible :*

D'abord, faire semblant d'apprécier n'est pas de la politesse mais de l'hypocrisie. Je fais la grimace quand je n'aime pas. Surtout que ça fait hurler de rire les gens qui me reçoivent. J'ai mangé des scorpions, des vers à soie grillés et des étoiles de mer. Hormis les vers à soie, rien d'abominable. J'ai bu une boisson alcoolisée dans lequel baignaient une bonne cinquantaine de grosses mygales poilues. Impressionnant, mais le goût n'était pas mauvais.

Et puisqu'on me le demande encore :

Il n'y a pas d'équipe de tournage. Je pars vraiment tout seul. Quand on voit un plan de moi filmé de loin, c'est que j'ai posé ma caméra ou que je l'ai passée à quelqu'un.

Annexe IV

Liste des pays et des endroits que j'ai visités

Afrique du Sud
Allemagne
Angleterre
Antilles françaises (7 ou 8 fois)
Arabie Saoudite
Argentine (deux fois)
Australie (trois fois)
Belgique
Bénin
Bolivie (deux fois)
Brésil (quatre fois)
Cambodge
Cameroun (deux fois)
Canada (quatre fois)
Chili
Chine (deux fois)
Chypre
Congo (deux fois)
Cuba
Danemark
Égypte (cinq fois)
Espagne
États-Unis
Émirats Arabes Unis
Éthiopie (six fois)
Finlande
Gabon (deux fois)
Gambie
Grèce
Groenland (deux fois)
Guatemala
Guyane française (quatre fois)
Haïti
Hawaï
Hongrie
Îles du Cap-Vert
Inde (trois fois)
Indonésie
Irak (trois fois)
Iran
Islande
Israël (cinq fois)
Italie
Japon
Jordanie
Kenya
Liban (deux fois)
Libye
Madagascar (deux fois)
Malaisie

Mali (deux fois)
Maroc (quatre fois)
Mexique (quatre fois)
Népal
Nouvelle-Calédonie
Nouvelle-Zélande
Papouasie-Nouvelle-Guinée
Pays-Bas
Pérou (quatre fois)
Pologne
Portugal (quatre fois)
Polynésie française
Roumanie
Royaume-Uni
Rwanda
Réunion (deux fois)
Russie (Sibérie) (trois fois)
Sénégal (deux fois)
Sikkim
Soudan
Sri-Lanka
Suède
Suisse
Syrie
Tanzanie (Zanzibar)
Tchétchénie
Togo
Tunisie (deux fois)
Turquie
Vanuatu (deux fois)
Venezuela

Annexe V

Pour vous faire une idée, voici un extrait du rapport image que je fais sur tous les tournages. Pour chaque pays, j'écris ainsi une cinquantaine de pages.

Au début j'écrivais sur un Psion, et depuis qu'ils ont arrêté de les fabriquer, j'utilise un Nokia 9500.

Ce sont des appareils qui ne pèsent que quelques centaines de grammes, mais qui possèdent des claviers complets. On peut vraiment écrire dessus.

Extrait du dérushage Madagascar

Note au monteur : n'oublie pas de noter sur ton dérushage chaque fois que tu vois un moment marrant qui peut être dans un bêtisier.

Chacun fait ce qu'il veut mais je recommande de visionner les images par lieu. En clair : les images des paluches et les images caméra de poing du premier endroit, puis les images des paluches et les images caméra de poing du deuxième endroit et pareil pour le troisième endroit. Ça permet de mieux repérer les correspondances entre les images des paluches et celles de la caméra de poing.

Il y a deux pistes son sur la caméra déportée et une seule sur la caméra épaule. Sur la caméra déportée, le micro directionnel se trouve sur la piste de gauche. Sur la caméra de poing, les deux pistes son sont identiques. Il n'est pas nécessaire de numériser les deux.

$ veut dire que je l'ai dit aussi en anglais

Cassettes 101 et 102

00 00 Je dis j'ai mis 6 heures à démarrer.

00 30 Déambulation dans Hell-Ville ***(je pense qu'on n'en fera rien)*** (2 à 28 20).

01 40 Je dis superbe lumière + $.

02 30 Je vais manger (j'ai filmé l'entrée au cas où).

Plateau arrivée Nosy Be ***(il y en a d'autres à 15 00, mais la lumière est nettement moins bien, on peut éventuellement s'en sortir avec ces deux-là)*** (2 à 34 25 & 6 à 22 30 & 34 10) ***(belle lumière)***.

03 05 Pas mal.

03 45 Pas mal, sympa, brouillon, à monter, lumière moins jolie.

05 35 Pas terrible.

06 15 $ Pas mal, mais goutte sur objectif.

06 55 Raté.

07 15 Pas trop mal, mais un peu brouillon par moments.

07 45 La pluie arrive ***(marrant, ça vaut le coup)***.

0 55 Des gens demandent à être emmenés ***(sympa)***.

09 55 On repart ***(sympa)***.

10 05 Je les filme (2 à 31 05) ***(sympa)***.

10 40 Je dis je me demande si j'ai bien fait de prendre cette bagnole ***(sympa)***.

11 25 Je filme (2 à 31 20).

12 00 Je demande où elles vont (2 à 32 40) ***(marrant)***.

12 40 Je me filme, ça les fait marrer (2 à 33 10) ***(sympa)***.

13 20 Je les dépose (2 à 33 55).

13 45 Je demande si elles parlent français, elles me chassent ***(sympa)***.

Plateau arrivée Nosy Be (suite), mais j'ai les cheveux trempés et la lumière est dure.

15 00 Plutôt bien.

15 35 $ Sympa.

16 10 Plutôt bien.

16 45 Pas géniale, un peu longue.

17 35 Brouillonne.

18 15 $ Plutôt bien.

19 10 Bien, un peu longue.

19 45 Pas trop mal, mais vilaine ombre.

20 30 Je prends d'autres auto-stoppeuses ***(on gardera plutôt les premières)*** (3 à 00 00).

21 25 Je démarre et je me filme.

22 45 Transit.

23 45 Passage délicat.

24 15 Je filme les nanas derrière.

24 30 Passage délicat.

25 00 On prend des copines ***(amusant)***.

26 10 On repart.

26 25 Je me filme, ça les fait marrer ***(sympa)***.

27 00 La piste est transformée en rivière (3 à 04 30).

28 00 J'hésite à y aller ***(pas mal)***.

28 30 Je dis je navigue.

28 50 On arrive (3 à 06 50).

29 10 Un mec bourré vient me voir ***(pas intéressant)***.

30 00 J'essaie de prendre la température.

30 55 Je lui demande où on est, il ne comprend rien.

31 50 Je regarde ma carte.

32 10 Je roule et essaie d'aller plus loin.
32 40 Je m'arrête.
33 20 J'essaie de parler à une dame ***(bof)***.
34 20 Je filme les canards pour voir réaction de la dame.
34 50 Le mari arrive avec sa pirogue (3 à 07 10).
35 20 Il m'envoie chier (3 à 07 40).
35 35 Je m'en vais.
36 00 J'essaie de parler à des gens ***(bof)***.
37 40 Un canard se met devant la voiture.
38 00 Je dis l'accueil n'était pas terrible.
38 30 Je râle parce que la bagnole est en panne (pas d'essence) ***(on s'en fout)***.

Cassettes 103 et 104

00 00 Je cherche Ambatoloaka (se dit Ambatolouque).
02 35 Balade dans Ambatoloaka.
03 45 Je demande restaurant dans un bar.
04 15 Je cherche restaurant.
04 25 Je dis bar, mais pas goudronné.
04 55 J'entre dans un bar (raccord billard 3 à 09 50).
05 30 Je prends une bière.
07 00 On discute sur la monnaie ***(ça dure, mais ce n'est pas intéressant)***.
08 10 Il demande pour les caméras.
08 30 Je dis c'est un endroit étrange.
08 50 Quelques mots avec un Sud-Africain.
09 00 Je fais l'interprète.
10 40 Une nana me demande ce que je fais ***(bof)***.
11 20 Elle veut savoir précisément ***(bof)***.
12 30 J'essaie d'avoir ma monnaie ***(bof)***.
13 20 Quelques plans des joueuses de billard (caméra épaule).

13 30 Une prostituée (?) me demande comment on dit 10 000 en anglais et va lui annoncer le prix *(marrant)*.

13 50 Les serveurs éclairent ma lanterne *(en fait ce n'est pas clair parce 2000, c'est le prix d'une bière)*.

14 30 Les joueuses de billard râlent.

15 05 La nana du début me relance *(j'essaie de les vouvoyer, mais ils me tutoient, c'est dur)*.

16 40 La nana du début ne veut pas que je la filme, sinon elle me casse la tête *(rigolo, mais on ne le mettra pas)*.

18 10 Je m'en vais.

18 20 Balade dans la rue *(c'est super-sombre, j'ai fait de la caméra de poing sur 7 à 19 45)*.

19 15 Je vois une belle 4L (3 à 10 05).

19 30 Une Malgache m'a reconnu *(il va falloir le jouer, c'est Coretta, chez qui je vais déjeuner demain)*.

19 50 Rencontre de Coretta *(elle parle de l'émission. Il faudra diminuer pour que ça ne fasse pas auto-promo)*.

20 50 Je dis c'est bientôt la fin de cette série *(à éviter)*.

21 10 Elle raconte le Mali *(c'est étonnant comme elle s'en souvient. Est-ce qu'on se met un extrait du Mali ?)*.

22 20 Elle raconte la Suisse *(amusant)*.

22 40 Je dis que je la filme.

23 20 Je vais manger.

23 45 Le premier restau a fini de servir *(pas intéressant)*.

24 20 Entrée dans le restaurant *(tout le monde se tait à mon entrée, pas intéressant)*.

25 15 Je retourne voir Coretta.

25 45 Coretta me demande si j'ai trouvé quelqu'un qui va m'inviter, je fonce dans la brèche ***(je pense qu'on s'en servira)***.

26 15 Je dis ce qui m'intéresse, c'est de voir les gens vivre.

26 35 Les gens vivent de la pêche ***(je ne sais pas comment on va enchaîner, la musique est forte)***.

27 30 J'ai envie de rencontrer des pêcheurs.

27 50 Elle est mère de famille.

28 00 Elle raconte que son mari italien l'a quittée.

28 50 D'autres gens m'ont reconnu ***(je ne sais pas qui on mettra, mais il va falloir le jouer. Si on met ces gens il faudra les flouter)***.

29 20 Elle parle des prix qui augmentent ***(pas intéressant)***.

29 50 Elle me dit où elle habite ***(pas intéressant)***.

30 00 Une nana veut que je danse.

30 10 Coretta me dit où il faut aller danser.

30 45 Elle me dit il y a du travail ici.

31 00 Des nanas déconnent en dansant ***(amusant)***.

32 00 La danseuse veut de l'argent ***(amusant)***.

32 20 Les Français me parlent de l'émission ***(je dis suis incognito)***.

33 10 Je dis je voulais être discret, mais c'est raté ***(bien)***.

33 20 Les Français ne veulent pas être filmés ***(amusant, si on le met, on les floute)*** (3 à 10 20).

34 00 Je dis je ne suis pas venu pour les filles ***(important)***.

34 00 Elle veut que je filme les belles choses, pas ça.

34 20 On parle de là où je vais aller.

35 00 Je dis je veux aller chez elle et aller à la pêche avec les voisins ***(bien, ça pose la situation)***.

35 20 Elle dit qu'elle veut aller à Hell-Ville (pour danser).

35 40 Je reprécise les choses ***(bien, avec la copine qui danse derrière)***.

36 25 Elle doit d'abord aller danser ***(amusant)***.

36 50 Elle propose de la rappeler demain ***(on peut s'arrêter comme ça, mais ça serait dommage de ne pas montrer la boîte de nuit)***.

37 15 Je dis je vais avec elle.

37 40 Les vieux avec des jeunes filles (caméra épaule) ***(bien)***.

37 50 Je lui demande si elle danse tous les jours et si elle travaille, ma naïveté la fait sourire ***(bien)***.

38 05 Avant elle était guide, mais elle a une jeune enfant.

38 40 Le père envoie de l'argent.

39 05 Elle travaillera l'année prochaine.

39 20 L'école maternelle et la crèche et les problèmes de transport ***(bof, en même temps c'est bien d'aborder les problèmes de la vie de tous les jours, mais je pense que ce sera mieux le lendemain au déjeuner)***.

40 20 Là où on va, il y a un orchestre malgache.

40 50 PDC Les danseuses sur les deux cam'.

41 05 Elle demande si ses copines peuvent venir avec nous ***(amusant)***.

41 40 On y va.

42 00 Entrée dans la boîte.

43 15 On croise des nanas et un Blanc.

45 00 Je vais voir l'orchestre ***(on ne voit pas grand-chose, heureusement il y a la caméra de poing)***.

46 15 Je filme.

46 40 Un mec veut que je le filme (3 à 14 30) ***(assez chaud)***.

47 20 On me demande ce que je fais.

48 15 Un Blanc regarde la danse (caméra épaule) ***(bien mais on a peut-être mieux sur la caméra de poing)***.

49 00 Je propose à boire à Coretta + des Blancs regardent danse sur cam' épaule ***(bien)***.

50 15 Je paye aussi une bière à la copine ***(pas intéressant)***.

51 40 La serveuse veut un ticket ***(pas intéressant)***.

52 20 Le patron dans le fond (cam' épaule) et 53 40.

53 10 Je bois.

54 50 Coretta me dit quelque chose que je ne comprends pas.

55 05 Un mec, Momo, vient me parler (en fait, il veut que je lui paye une bière).

56 20 La lumière est montée un peu.

56 40 Je dis c'est assez chaud ici + $ ***(je n'ai pas dit grand-chose à la caméra)***.

57 25 La serveuse donne la bière ***(pour la première fois qu'on commande, mieux parce qu'il y a plus de lumière)***.

57 50 Mon camarade me demande une bière pour sa copine.

58 15 Un Blanc m'a reconnu ***(bof)***.

59 15 Un mec met son verre en équilibre sur sa tête (3 à 20 25) ***(pas mal)***.

59 50 On parle de l'ambiance et du fait qu'il y a de l'animation tous les soirs.

1 00 30 Il est guide touristique ***(on ne voit pas bien)***.

1 01 30 Encore un mec qui a vu l'émission ***(ça va commencer à poser des problèmes dans les endroits où il y a des Français)***.

Cassette 1

00 00 Quelques plans en avion pour la transition 4 écrans entre Nosy Be et le reste du pays.
03 30 Arrivée sur l'île de Nosy Be.
05 20 Hell-Ville, la ville la plus importante de l'île.
06 00 Quelques vues de l'île.
07 40 Piste et atterrissage.
09 30 Panneau Nosy Be et tour de contrôle.
10 20 Je commence à préparer mon matériel dans la chambre d'hôtel.
12 15 Manque d'entrain.
14 00 Grosse pluie sur Hell-Ville.

Plateau début émission ***(j'en ai fait deux séries. Une dans la chambre d'hôtel ce qui est inhabituel mais montre bien l'état d'esprit dans lequel je me trouve quand j'arrive dans un pays et une autre série à Antananarivo, la capitale, plus classique)***.

17 35 Raté.
17 50 Raté.
18 30 Raté.
18 45 Raté.
18 55 Début pas mal, mais pas très efficace.
20 00 Raté.
20 25 Pas nulle, mais pas très bien structurée.
21 10 Pas mal, mieux que les précédentes.
22 20 $ Pas mal, mais un peu longue.
23 50 Pas mal, un peu plus pêchue.
24 55 Raté.
25 10 Raté.
25 30 Début bien, ça merde ensuite.
26 55 Raté.
27 25 Raté.

27 50 Bien.
28 50 $ Pas trop mal, un peu longue.
30 20 Bon début malgré une faute de conjugaison qui ne me semble pas gênante, puis ça merde et ensuite ça va.
31 50 $ Bon début, à condenser ensuite.
33 00 $ Une des meilleures, quelques coupes à faire.
34 15 Raté.
34 25 Raté.
34 35 Une des meilleures, fin raté.
35 45 Raté.
36 00 Raté.
36 10 Raté.
36 15 Un des meilleurs débuts.
37 00 Pas terrible.
37 45 Début pas mal, la fin est bonne.
38 50 PDC pour le plateau.
39 20 Vues de la chambre d'hôtel.

Cassette 2

00 00 Fin de la mise en place du matériel sur le sac ***(mon idée serait de l'accélérer et de faire des ellipses pour qu'on voie un peu que ça prend du temps)***.
07 55 Je dis maintenant c'est plus facile qu'au début ***(on s'en fout)***.
14 00 Vérification de la télécommande.
16 00 Je m'équipe et je m'en vais.
20 00 Gros plans raccords ***(bien à insérer dans le montage pour qu'on voit un peu le matériel)***.
26 10 Grosse pluie sur Hell-Ville.
26 40 Belles lumières après la pluie sur Hell-Ville (joli).
28 20 Les rues de Hell-Ville après la pluie ***(je ne sais pas ce qu'on en fera, parce que je***

n'ai pas de séquence intéressante dans Hell-Ville sauf le moment où je dis qu'il m'a fallu plus de 6 heures pour sortir de la chambre d'hôtel) (101-102 à 00 30).

30 30 Rues de Hell-Ville le lendemain.

31 05 Dans la voiture avec mes deux auto-stoppeuses (101-102 à 10 05).

31 20 Images pendant le transit (101-102 à 11 25).

32 40 Je me filme, ça les fait marrer (101-102 à 12 40).

33 55 Je les dépose (101-102 à 13 20).

34 25 Je repars avec la voiture.

34 30 Subjectifs transits avec la voiture (entre autres pour le plateau 101-102 à 03 05).

Cassette 3

00 00 Je prends d'autres auto-stoppeurs (101-102 à 20 30).

00 45 Pendant le transit ***(c'est moins sympa, et on n'utilisera pas les deux fois où je prends des auto-stoppeurs. On peut éventuellement prendre quelques moments sympas comme le passage des flaques de ce transit pour le premier voyage)***.

04 30 Passage dans le lit d'un ruisseau (101-102 à 27 00).

06 50 Arrivée là où ils habitent (101-102 à 28 50).

07 05 Les canards de la dame.

07 40 Le mari pêcheur me fait signe qu'il ne veut pas me voir.

07 50 Passage d'un troupeau de zébu à côté de la voiture en panne.

08 45 Coucher de soleil ***(très beau)***.

09 50 Joueurs de billard (103-104 à 04 55).

10 05 La jolie 4L (103-104 à 19 15).

Dans le bar où je rencontre Coretta (103-104 à partir de 19 30).
10 20 Un Blanc qui ne veut pas être filmé ***(amusant si on le floute)*** (103-104 à 33 20).
11 10 Clients au bar.
Dans la boîte de nuit
12 30 L'orchestre ***(le son est saturé, il faut prendre le son des paluches)***.
14 15 Le Black et sa danse torride (103-104 à 46 40).
15 40 Quelques clients.
15 50 Il danse avec le verre sur la tête.
16 40 Danse torride.
18 00 Plein de belles clientes et quelques Blancs.
18 35 Clients blancs.
18 45 Raccords joueurs de billard.
19 40 Le bar.
20 25 Le mec avec son verre sur la tête puis sur le coude ***(amusant)*** (103-104 à 59 15).
20 50 Vues générales de la boîte.
21 30 Un couple à une table.
22 35 Un vieux Blanc passe avec sa bière.
23 40 J'ai refait l'interview de Dimitri en espérant que le son serait mieux que 105-106 à 19 35, en fait ça se vaut.
24 45 Il parle des problèmes avec les flics ***(bof)***.
25 00 Il doute de mes chances à Nosy Be ***(éventuellement, mais je pense qu'on n'en a pas besoin)***.
27 20 Danse torride ***(sombre mais pas mal)***.
28 00 Autour du billard.
29 35 La femme qui a vu l'émission (105-106 à 26 00) (J'ai refait le plan raccord avec la bonne voiture sur 107-108 à 01 10).
30 30 En route pour aller à la plage pour acheter le poisson.
31 00 Ambiance de la plage.

32 05 Les pêcheurs arrivent.
32 55 Autour des pêcheurs et des poissons (105-106 à 30 00).
34 50 Des touristes passent sur la plage.
36 00 Marchandage des poissons (105-106 à 32 50).

Voici venu le moment des remerciements, instant délicat tellement j'ai peur d'oublier quelqu'un, le plus important peut-être. Heureusement, si c'est un ami, il me pardonnera.

Je remercie donc tout particulièrement Patrice Gascoin, Aurélie Marmu pour les longs entretiens et Camille Painvin pour les retranscriptions.

Je remercie pour leurs photos :
Jean-Baptiste Benoit
Isabelle Bideau
Philippe Bourseiller
Dany Cleyet-Marrel
Ifremer
Laurent Pyot

Je remercie également :
Mes parents, mes frères et ma sœur
Erwan Barret
Agathe Bergman
François Bocquet
Bérangère Boucher
Yves Darondeau
Patrick Denaud
Anaïs Enshaian
Brice Ferré

Sandrine Gallo
Juliette Haubois
Annie Lathière
Dominique Lézarme
Christophe Lioud
Ariane Licha
Florent Massot
Lucie de Maximy
Erick Monjour
Corinne Planchais
Emmanuel Priou

Je remercie également toutes les personnes citées dans ce livre et mes nombreux copains.

9884

Composition
NORD COMPO

Achevé d'imprimer en Espagne
par BLACKPRINT CPI IBERICA
le 11 mars 2012.
Dépôt légal mars 2012.
EAN 9782290033937

ÉDITIONS J'AI LU
87, quai Panhard-et-Levassor, 75013 Paris

Diffusion France et étranger : Flammarion